Karimi | Gott 2.0

[Was bedeutet das alles?]

Ahmad Milad Karimi

Gott 2.0

Grundfragen einer KI der Religion

Reclam

Für E. I.

3. Auflage

RECLAMS UNIVERSAL-BIBLIOTHEK Nr. 14591
2024 Philipp Reclam jun. Verlag GmbH,
Siemensstraße 32, 71254 Ditzingen
info@reclam.de
Gestaltung: Cornelia Feyll, Friedrich Forssman
Druck und Bindung: Esser printSolutions GmbH,
Untere Sonnenstraße 5, 84030 Ergolding
Printed in Germany 2025
RECLAM, UNIVERSAL-BIBLIOTHEK und
RECLAMS UNIVERSAL-BIBLIOTHEK sind eingetragene Marken
der Philipp Reclam jun. GmbH & Co. KG, Stuttgart
ISBN 978-3-15-014591-3
reclam.de

Inhalt

Prolog

Hegels Strich und der *Homo poeticus*

Früher hatten wir eine Handschrift. Nicht immer lesbar. Nicht immer identisch. Unsere Reife, unsere Entwicklung als Lesende und Schreibende konnten wir an unserer Handschrift ablesen. Wir schrieben mit einer Feder, mit einem eigenen Füller, mit bevorzugter Farbe, mit gewählter Mine. Die Linienführung war vielleicht nicht immer völlig gerade, es sei denn, wir legten eine linierte Seite unter das Papier. Und das Papier selbst – es trug Spuren unserer Berührungen, unsere Spuren. Jedes Blatt war anders, jedes Wort war auch irgendwie Abdruck unserer Empfindung.

Es sind vor allem die ersten Handschriften der Heiligen Schriften, die uns anrühren, weil sie von der Hingabe des Schreibers Zeugnis geben. Sie liegen da wie beseelte Körper, scheinen uns anzublicken. Wir entdecken Lücken, Fehler, Unlesbares. Staunen, ringen um Lesbarkeit. Hier ist ein Leben verdichtet, vergeistigt. Diese Spiritualität der Schrift, des Schreibens und des Lesens geht im digitalen Zeitalter verloren.

Heute scrollen wir durch digitale Seiten, tippen auf Tasten, die alle denselben mechanischen Widerstand bieten, ohne den individuellen Druck und die Nuancen der Schrift. Die glatte Perfektion des Digitalen löscht die Spuren des Menschlichen aus, die Spuren der Mühe, der Korrektur, des Ringens um das richtige Wort. Wir verlieren den spirituellen, unperfekten Charme des Lesens, der nach der Persönlichkeit des Schreibers duftet.

Die Lesung des Korans fordert eine eigene Spiritualität, die tief in rituellen Handlungen verwurzelt ist. Bevor der Koran gelesen wird, wird eine rituelle Waschung vollzogen. Das Lesen wird zu einer leiblichen Erfahrung. Der Koran hat einen besonderen Ort im Raum, oft wird er mit mehreren Tüchern umwickelt. Er wird in die Hand genommen mit einer Ehrfurcht, die spürbar ist, und man setzt sich hin, um ihn mit Bedacht und Hingabe zu lesen. Tuch für Tuch wird entfernt, die Haptik verstärkt die Bedeutung des Augenblicks, und man öffnet die Seiten in der Erwartung, etwas Heiliges und Lebendiges zu berühren. Lesen schafft eine Atmosphäre, eine geistig-leibliche Berührbarkeit.

Digital hingegen wird alles schwerelos. Nichts hat mehr eine Masse, ein Gewicht, nichts nimmt Raum ein oder stiftet Atmosphäre. Die Dinge verlieren ihr Gewicht. Bibliotheken können in einer Cloud gespeichert werden, einen Klick entfernt, überall verfügbar; jedes Wort blitzschnell zähl- und suchbar. Doch diese digitale Leichtigkeit entzieht uns die berührbare Dimension, die etwa das Lesen des Korans zu einem tief spirituellen Akt macht. Die haptische Erfahrung, die Berührung der Seiten, das Rauschen des Papiers – all dies geht verloren. Es ist diese Verflechtung von Körper und Geist, von Hand und Schrift, die das Lesen zu einer spirituellen Erfahrung macht.

In der digitalen Welt wird der heilige Text zu einer Datei, einer binären Abfolge, die keinen Raum mehr für die spirituelle Dimension lässt, für die innere Einkehr, die uns mit dem Göttlichen verbindet. In dieser digitalen Perfektion verlieren wir den Raum für das Heilige, für das Menschliche, für die tiefe, persönliche Verbindung, die uns durch die Jahrhunderte hindurch geprägt hat. Die digitale Perfektion erlaubt keine Lücken, keine Makel, keine zufälligen Flecken von Tinte. Sie löscht das Unvorhersehbare, das Unerwartete, das, was unser menschliches Erleben so reich und vielfältig macht. Die Vision einer perfekten, algorithmisch kontrollierten Welt mag paradiesisch erscheinen, doch beraubt sie uns der Tiefe, der Textur und der menschlichen Wärme. Was bleibt, ist eine oberflächliche, gleichmachende Erfahrung, die uns das romantische, das fehlerhafte, das zutiefst menschliche Element unseres Seins raubt. So steht diese Vision der digitalen Zukunft im Gegensatz zu der lebendigen, spirituell aufgeladenen Tradition des Lesens und Erlebens, die unsere Kultur und unser innerstes Wesen ausmacht.

Und genau hier liegt die Gefahr der digitalen Perfektion. Heute wählen wir die Schriftart, die Größe der Schrift, die Farbe, den Zeilen- und Absatzabstand. Hier wird nicht mehr geschrieben, sondern getippt – nicht mit der Hand, in der sich der Stift abdrückt, an der die Farbe des Füllers Spuren hinterlässt, sondern mit den Fingern auf einer Tastenoberfläche.

Das Menschliche, das Persönliche wird unkenntlich gemacht. Was bleibt, ist eine gleichmachende Glätte, ein steriler Zustand ohne Charakter und Ecken. Früher, als unsere Handschrift noch unser Eigen war, konnten wir in ihr die Spuren unseres Lebens lesen. Jedes Zittern, jede Unregelmäßigkeit erzählte eine Geschichte – von Freude, von Trauer, von Liebe und von Verlust. Das Unerwünschte wurde gestrichen. Heute löschen wir es, verdecken die Spuren des Ungesagten. Das Digitale erzählt nicht, es informiert. Im digitalen Zeitalter hätte Franz Kafka (1883–

1924) womöglich mit einem Klick sein Gesamtwerk gelöscht. Aber er hat sich einem Freund anvertraut, der alles vernichten sollte. Und der hat es nicht getan.

Die Geschichte der Religionen ist zugleich auch die Geschichte der schriftlich-mündlichen Überlieferungen, die Geschichte von Variationen des Wahren, die von Widersprüchen, von Vergessenem und Erinnertem handeln; von Lesbarkeit und Unlesbarkeit, von verlorenen Schriftrollen und Handschriften, von Verfälschungen und Korrekturen. Sie sind geprägt von menschlichen Irrtümern und Eingriffen, von den Nuancen und Unsicherheiten menschlicher Kommunikation. Die Heiligen Schriften bergen in sich die Spuren einer komplexen, unvollkommenen menschlichen Geschichte, die sich auch durch Fehler und Wendungen auszeichnet.

Doch gerade in dieser Vielschichtigkeit und Unvollkommenheit, in dieser Polyphonie und Polymorphie liegt ihre Tiefe und Bedeutung. Sie erzählen nicht nur von absoluter Wahrheit, sondern auch von menschlichen Erfahrungen, von Zweifeln und Hoffnungen, von Suche und Erkenntnis. Hinter allem Heiligen ist das Antlitz des Menschen verborgen, eines fehlbaren, eines suchenden, eines endlichen Geistes. Hier ist der *Homo poeticus* am Werk.

> […] der Sinn verliert sich in dem Anschaun,
> was mein ich nannte schwindet,
> ich gebe mich dem unermeslichen dahin,
> ich bin in ihm bin alles, bin nur es.
> Dem wiederkehrenden Gedanken fremdet,
> ihm graut vor dem unendlichen, und staunend fast
> er dieses Anschauns Tiefe nicht.

Dem Sinne nähret Phantasie das Ewige
vermählt es mit Gestalt – […]

Hegel verfasste im Jahr 1796 das Gedicht *Eleusis*, aus dem die Zeilen stammen. Und gerade diese herausragenden Zeilen des gesamten Gedichts sind mit einer Streichung versehen. Der Philosoph Georg Wilhelm Friedrich Hegel (1770–1831) hat die Verse nicht gelöscht. Der zartgeführte Strich auf den handschriftlichen Zeilen lässt die Verse lesbar sein, als würden wir dadurch Einblick in etwas gewinnen, was ist, aber nicht sein soll.[1]

In diesen poetischen Zeilen spiegelt sich eine Tiefe wider. Hier sehen wir einen Übergang, einen Moment des Abschieds von dem, was als real und bestimmbar erscheint, hin zu etwas, das unermesslich und unverfügbar ist. Es liegt in diesem poetischen Akt, eine Verbindung zu den heutigen Diskursen der KI, des Trans- und Posthumanismus zu sehen. Hier scheint sich der Sinn in dem Anschauen zu verlieren, während die Vorstellung von Perfektibilität und grenzenloser Verbesserung den Geist der Menschheit immer mehr prägt. Doch Hegels poetische Streichung könnte als Warnung dienen – als ein Hinweis darauf, dass es einen Punkt gibt, an dem das Streben nach Perfektion den Sinn entleert und vor dem Unendlichen zurückweicht.

Der *Homo poeticus*, wie Hegel ihn markiert, stellt eine gegenläufige Bewegung dar. Hier wird der Sinn nicht durch das Streben nach Perfektion, sondern durch die Fehlbarkeit genährt. Fehlbarkeit gibt Raum für Kreativität, Fragmentierung und Unvollkommenheit. Dieser *Homo poeticus* akzeptiert den Sinn im Scheitern und im Staunen vor der Tiefe des Anschauens, ohne vor dem Unendlichen zurückzuschrecken. Der *Homo poeticus* repräsentiert den schöpferischen, dichterischen, fehlbaren, romantischen Menschen – einen fragmentarischen, vergänglichen, brüchigen Menschen. Dieser Ansatz würdigt die menschliche Natur in ihrer ganzen Vielfalt, auch in ihrem Scheitern.

Vor diesem Hintergrund stellt sich die Frage: Welche Herausforderungen und Chancen ergeben sich für eine neue Theologie im Angesicht einer vor allem technologischen Bewegung, die von der unstillbaren Vision eines Übermenschen, eines *Homo Deus* des Gottmenschen, getragen ist? In der Gegenwart, in der Technologie und Perfektion oft als die höchsten Ziele betrachtet werden, ist die Theologie dazu aufgerufen, den imperfekten Menschen zu würdigen.

Inmitten des Abschieds des Menschen von alten Vorstellungen könnten wir eine Theologie der Menschlichkeit anstreben, die nicht vor dem Unendlichen zurückschreckt, sondern im Staunen vor der Tiefe des Menschseins und seiner Verbindung mit dem Ewigen verankert ist. Im Antlitz des Menschen wird Gott gesucht, nicht in seiner Transformation zum Göttlichen.

In Hegels poetischen Versen finden wir nicht nur Reflexion, sondern auch eine Poesie, die uns als Spur dienen kann. Sie erinnert uns daran, uns nicht vorschnell von der Frage zu verabschieden:

Wer sind wir, wir Menschen?

1 Zur Einführung

Der süße Schlaf

In einer Episode der US-amerikanischen Animationsserie *The Simpsons* mit dem Titel »B. I.: Bartificial Intelligence« beobachten zwei grüne, krakenähnliche Außerirdische ein Baseballspiel der Menschen.[1] Das Spiel erscheint ihnen derart langweilig, dass sie den Verlauf der Zeit beschleunigen. Es wird immer schneller und noch schneller, bis ein Schwarzes Loch sich auftut, das alles, einschließlich Planeten, Gestirnen und des gesamten Universums, verschlingt. Schließlich erscheint Gott als älterer, bärtiger Mann in einem weißen Gewand, der verlegen um sich blickt und ebenfalls von diesem Sog verschlungen wird. Dies ist das erste Mal nach 17 Staffeln der Serie, dass das Antlitz Gottes gezeigt wurde, um sich gleich wieder von ihm zu verabschieden.

Warum aber wird in einer Episode, in der es um KI Intelligenz (KI) geht, Gottes Antlitz offenbart und zugleich vernichtet? Gott 1.0 scheint sich nicht gegenüber einer Intelligenz behaupten zu können, die nicht nur sein Werk optimieren will, sondern auch ihn als entbehrlich versteht.

Die Episode ist eine Horrorepisode der Serie, denn hier wird der Wunsch nach Beschleunigung des Lebens mit seinem beschleunigenden Untergang gleichgesetzt. Die unvollkommene Welt mit ihren fehlbaren Menschen geht zugrunde, und nicht einmal Gott kann dies verhindern, weil er selbst mit seinem Werk untergeht. So könnte man den Vorspann dieser Episode deuten, die dann in mehrfacher Perspektivierung die Herausforderungen der KI als eine

Art technologische Optimierungsvision thematisiert. Die Frage bleibt jedoch unbeantwortet, ob alles aufgrund seiner Unvollkommenheit oder aufgrund der Vision, diese Unvollkommenheit in Vollkommenheit zu verwandeln, untergeht.

Nach dem Vorspann geht es im ersten Teil der Episode um Bart, den Sohn der Familie Simpson. Der fällt nach einem Sprung aus dem Fenster ins Koma. Die Familie bekommt dafür einen Roboter als Ersatzsohn. Er übertrifft alle Erwartungen in einer Perfektion, die für die Familie überwältigend ist. Bart und die Trauer um ihn sind vergessen, doch erwacht er plötzlich aus dem Koma, so dass sich die Familie zwischen ihm und dem Roboter entscheiden muss. Bart, der in jeder Hinsicht dem Roboter unterlegen ist, wird von der Familie ausgesetzt; was sich wie ein Sieg der Technologie über den Menschen anfühlt, ist in Wahrheit der Sieg des Menschen über sich selbst. Nicht der Roboter hat hier den Menschen verdrängt, sondern der Mensch (die Familie) den Menschen (Bart) – aber warum?

Eine Antwort findet sich möglicherweise in der Episode selbst, wenn dort unter anderem die Rituale des Halloween-Festes thematisiert werden, bei denen sich jeder als diejenige Person verkleidet, die er an diesem Abend gerade sein möchte. Keiner will er selbst sein. Niemand ist, was er vorgibt, und genau das ist, was jeder wünscht und weiß, denn darin besteht ja gerade das Spiel, für einen Abend eine Wunschfigur zu sein, die man jenseits der jeweils eigenen Lebensverstrickung gerne wäre. Hinter den Masken und Kostümen verbergen sich Menschen mit all ihren Schwächen und Fehlbarkeiten, mit ihren Falten, Narben und Sorgen. Aber sichtbar und fühlbar soll allein der glatte Schein sein, den sie selbst erzeugen.

Das beste Kostüm soll auf diesem Fest ausgezeichnet werden; als sich aber herausstellt, dass die Gewinnerin keine maskierte, verkleidete, sondern eine echte Hexe ist, wird ihr der erste Preis aberkannt. Als Rache verwandelt sie jeden in das, was sein Kostüm darstellt.

Was bedeutet das alles?

Der ungebrochene Wunsch des Menschen nach Optimierung stellt einen wichtigen Beweggrund der KI dar, sich nicht nur auf die Gestaltung der Welt, der Gesellschaft und der sozialen Beziehungen, sondern insbesondere auf den Menschen selbst zu beziehen. Darin ist KI aber mit der Religion verwandt. Doch diese ›Verwandtschaft‹ lässt sich nur schwer direkt beobachten. Wie religiös ist aber KI und wie viel KI ist im religiösen Denken verankert? Das digitale Zeitalter hat durchaus ›theologische Mucken‹. Doch stellt sich vor allem die Frage, inwiefern KI Glauben, Spiritualität und religiöse Praxis verändert, verfremdet oder revolutioniert.

Dabei werden die vielfältigen Implikationen der KI für das menschliche Leben nicht nur in der Kognitionswissenschaft und KI-Forschung reflektiert und hinterfragt, sondern KI provoziert auch verstärkt philosophische und ethische Debatten. Wie steht es aber um die Theologie, also um eine reflektierte und rationale Auseinandersetzung religiösen Denkens in Bezug auf die KI?

Wie kann die Theologie auf die KI und deren digitalisierte Verflechtung in unserem Leben reagieren? Inwiefern lassen sich Grund- und Grenzfragen menschlicher Existenz im Lichte der KI untersuchen? Wer sind wir, wir Menschen, als intelligente, sowohl lebendige als auch immer geschichtliche Wesen, die sich immer mehr der Herausforderung ausgesetzt sehen, in vielen kognitiven Leistungen weit übertroffen zu werden? Kurz: Inwieweit verändert das Mensch-Maschine-Verhältnis den Gottesbezug des Menschen?

Die Theologinnen und Theologen haben sich mit den Fragen und Herausforderungen der KI auseinandergesetzt; doch auffällig ist dabei, dass keine eigene Theologie der KI aus dem Horizont der jeweiligen Religionen entwickelt wird, sondern – wenn auch intensiv und vor allem weitgehend allein in ethischer Hinsicht – Inhalte und Herausforderungen der KI im Horizont der traditionellen Theologien durchdacht werden. Das ist zu würdigen. Es stellt sich aber die Frage, ob eine ausschließlich ethische Auseinandersetzung ausreichend ist, um der rasanten Entwicklung der KI-Forschung und KI-Entwicklung gerecht zu werden.

Unter KI verstehe ich eine programmatisch installierte und zugleich nachahmende Denkform menschlicher Intelligenz, kurz: ein datenbasiertes System. Demnach ist die KI nicht denkfähig, sondern simuliert Denken und verfährt vereinfachend – KI ist alles, aber nicht intelligent. Ihre Realität ist eine durch die Darstellung oder Verarbeitung von Informationen in diskreter Form entwickelte Scheinwirklichkeit, die letztlich vom Menschen selbst geschaffen wurde.

KI-Technologien haben in die zahlreichen gesellschaftlichen Sphären Eingang gefunden, von der Kommunikation und Informationssuche bis hin zu den meisten Zweigen der Industrie und zur Medizin. Und wir können uns kaum unseren Alltag ohne den Einsatz der KI vorstellen, denn die Verwendung von Suchmaschinen, maschinellen Übersetzungen, automatisierten Sprachassistenten, digitaler Kunst, digitalen Kompositionen wird durch KI-basierte Systeme ermöglicht.

Jenseits der Frage nach der Beziehung zwischen Mensch und Maschine ergeben sich durch KI-Technologien weitreichende Implikationen für menschliche Identität, Weltbezogenheit, für das menschliche Sozialverhalten, Ethik und das Verständnis von Transzendenz. KI-basierte Systeme erzeugen digitale Kunstwerke, Musikkompositionen und Literatur. Die Entwicklung selbstfahrender Autos dürfte Verkehrssicherheit und Mobilität neu definieren. Darüber hinaus umfasst die KI auch medizintechnische Verfahren und Pflegeroboter, die Menschen mit Behinderungen bei alltäglichen Aufgaben unterstützen. Roboter werden zudem für soziale Interaktionen und sogar in Gottesdiensten eingesetzt.

Insofern scheint es nicht nur notwendig, sondern auch reizvoll zu sein, sich aus einer religionstheologischen Sicht mit KI auseinanderzusetzen, weil sie das Selbst-, Welt- und Gottesverständnis der Menschen derartig grundlegend betrifft.

In besonderem Maße steht die Theologie vor Herausforderungen durch die KI, und zwar unabhängig davon, ob es sich um starke KI oder schwache KI handelt, da beide Formen in entschiedener Weise den Menschen betreffen. Die Bezeichnung ›starke KI‹ beruht auf der Vorstellung, dass die menschliche Intelligenz künstlich duplizierbar wäre. Hingegen umfasst die ›schwache KI‹ KI-Systeme, die für bestimmte Anwendungen oder begrenzte Aufgaben entwickelt wurden und sich somit auf Teilaspekte der menschlichen Intelligenz konzentrieren.

Es ist bemerkenswert, dass der ausgesetzte Bart in der oben genannten Episode im Wald auf Roboter trifft, die ebenfalls aufgegeben wurden. Und der einzige Wunsch, den die Roboter dem Menschen Bart gegenüber äußern, lautet, dass sie sich nachts nicht ausschalten müssen, sondern einfach lernen wollen, sich hinzulegen und zu schlafen. An dieser Stelle zeigt sich die leise Sehnsucht nach menschlicher Natur, die nicht einfach abgeschaltet wird, sondern sich dem Schlaf anvertrauen will. Ähnlich heißt es auch in der Bibel: »Legst du dich, so wirst du dich nicht fürchten, sondern süß schlafen«[2].

2 Der unverfügbare Mensch

Der Mensch als Subjekt der Theologie und die Frage der Intelligenz

Alles kreist um den Menschen

Theologie eröffnet die Möglichkeit, dass sich der Mensch, der um seine Endlichkeit, Bedingtheit und Fehlbarkeit weiß, im Lichte einer narrativen Tradition sieht, die die Frage danach, was und wer der Mensch sei, offenhält. Der jüdische Religionsphilosoph Martin Buber (1878–1965) erinnert an Rabbi Bunam von Przysucha (1765–1827), den großen Lehrer des Chassidismus, der zu seinen Schülern gesagt haben soll: »Ich habe ein Buch verfassen wollen, das sollte ›Adam‹ heißen, und es sollte darin stehen der ganze Mensch. Dann aber habe ich mich besonnen, dieses Buch nicht zu schreiben.«[1] Der ganze Mensch bleibt anscheinend zwangsläufig unerzählt.

Theologie ist kein Glaube – Theologie reflektiert den Glauben, denkt über ihn nach. Daher dient die Theologie dem Denken des Glaubens und dadurch einer überzeugenden Begründung, warum Handlungen verantwortet werden können, die aus diesem kritischen Denken herrühren.

Dieses religiöse Denken will nicht Glaubensinhalte festhalten, sondern sie durchdenken. Insofern steht im Mittelpunkt jener Religionen, die im Laufe der Zeit unterschiedliche theologische Traditionen hervorgebracht haben, der Mensch – als Subjekt des Glaubens.

Das bedeutet: Trotz der komplexen Herausforderungen, die KI mit sich bringt, bleibt der Mensch das Zentrum der

Religion. In diesem Sinne sind Religion und KI eng miteinander verbunden.

Wer sind wir aber, wir Menschen? Für diese Frage, die nicht nur die Philosophie, sondern im Kern auch insbesondere die Theologie beschäftigt, werden wir offen werden müssen. Denn Menschsein lässt sich, gerade religiös betrachtet, nicht auf eine einzige Bestimmung reduzieren. Was Gläubigkeit jeweils bedeutet und welche Widersprüche ein gläubiges Leben zu bewältigen hat sind Fragen, die selbst zum Kern der Religionen gehören.

Die Frage, was Menschsein ausmacht, scheint eine Frage zu sein, mit der sich Religionen in einer dezidiert erzählerischen, narrativen Weise befassen. Theologie bleibt unentwegt auf zeitlose Narrative bezogen, die ihr Grundgeschehen begründen, wie Veden, Bibel oder Koran. Sie spannen allesamt Welten der Erzählungen auf.

Doch in dieser Hinsicht erklären religiöse Narrative nicht die Welt, sondern öffnen uns für eine Welt, die nicht vollständig erklärbar, aber erzählbar ist. Dies tun sie, indem sie die lineare Abfolge der Zeit durchbrechen, weil sie Vergangenes vergegenwärtigen und unsere Vorstellungen von Zukunft in die Gegenwart projizieren. Auf diese Weise wird nicht die Zeit selbst, ihr Geist oder Ungeist, maßgeblich für das theologische Unterfangen, sondern die narrative Auseinandersetzung mit ihr.

So gesehen sind religiöse Narrative unvergänglich, weil sie nicht *über*wunden, aber immer wieder und immer aufs Neue *ver*wunden werden müssen. Wir werden weder mit Arjuna noch mit Abraham oder Moses ein für alle Mal fertig werden können, denn sie lassen nicht algorithmisch über ein kontrolliertes Ergebnis über sich verfügen.

Diese prinzipielle Unabgeschlossenheit des Narrativen stiftet eine Theologie, die radikal der Dynamik der Zeit unterworfen ist, aber sich zugleich an dieser Zeit abarbeitet. Abraham stellt somit keine bloß vergangene Gestalt einer vergangenen Zeit dar, die uns heute womöglich kaum noch etwas zu sagen hätte, im Gegenteil: Die Erzählung vergegenwärtigt Abraham als eine Gestalt der Gegenwart, als eine Identifikationsfigur, mit der wir hadern, mit der wir streiten oder mit der wir uns versöhnen können. Dies bedeutet vor allem, dass eine narrative Theologie nicht für sich bleiben kann, losgelöst von der gegenwärtigen Lebenswelt, sondern immer bezogen auf die jeweilige Gegenwart bleibt.

Dabei vollziehen sich religiöse Narrative in einem doppelten Sinne: Zum einen geht es dabei darum, das Individuelle zum Kollektiven hin, und zum anderen, das Vergängliche zum Überzeitlichen hin zu überschreiten. Demnach überführen die religiösen Narrative die individuellen Geschichten in eine existenzielle Wertigkeit.

Auf diese Weise gewinnt die Wirklichkeit des eigenen Lebens als ein kohärentes Ganzes eine Wahrheit, indem diese Wahrheit schöpferisch ist, fortwährend Sinn kreiert, das Besondere ins Allgemeine überführt und das Allgemeine im Besonderen ausleuchtet.

Narrative haben Bedeutung

Narrative besagen, dass es Bedeutung gibt. Veranschaulichen lässt sich dies insbesondere durch die biblisch-koranischen Narrative, die nicht mit dem Versprechen des Fortschritts, sondern nur mit dem Versprechen des Gelingens einer zeitlosen Gegenwart vereinbar sind.

In Veden, in Epen wie *Ramayana* und *Mahabharata*, in der Bibel und im Koran findet sich ein Überfluss an Narrativen, die die religiöse Deutung vom Leben mit bedeutsamen Erzählungen verbinden. Greifen wir eine beliebige Narration heraus, die nicht zuletzt mit Personenwelten verstrickt ist, etwa Adam, Abraham, Noah, Jakob, Josef, Moses, Maria, Jesus, Muhammad, Rāma oder Sītā. Wir lesen dann nicht einfach Erzählungen über sie, die entweder auf einen tatsächlichen Sachverhalt verweisen, indem wir uns fragen, ob diese Figuren überhaupt historische Persönlichkeiten waren, oder deren Erzählungen nur in unserer Vorstellung subjektiv existieren. Vielmehr vermitteln biblisch-koranische oder hinduistische Narrative verbindliche Sinnhorizonte, geben Orientierung, stiften Zugehörigkeit. Und indem sie nicht eine bloße Erzählung einer Lebensgeschichte sind, überschreiten sie erzählerisch ihre eigene Enge. Abrahams Erzählung weist über ihn selbst hinaus, überschreitet die Individualität einer Person – sie wird zur Narration eines Kollektivs; zugleich ist seine Erzählung in einer zeitlichen Form auch gleichzeitig überzeitlich. Nicht zuletzt darin besteht der Sinn einer jeden Offenbarung.

Man könnte nun einwenden, dass die Erkenntnis der Theologie immerfort uneigentlich bleibt, weil sie keine rein logische Wissenschaft darstelle, sondern das zu Erkennende in Symbolen, Gleichnissen, Analogien und Anagogien (also der spirituellen Interpretation eines Textes, die über die wörtliche, moralische und allegorische Bedeutung hinausgeht), Metaphern und Geschichten erzähle. Doch hier geht es nicht um eine Art geschmückter Rede, sondern um, mit dem Philosophen Hans Blumenberg (1920–1996) gesprochen, jene »absolute[n] Metapher[n]«, die »sich gegenüber dem terminologischen Anspruch als resistent erweisen, nicht in Begrifflichkeit aufgelöst werden können«[2].

Abraham, Sītā, Gaṇeśa oder Sarah bilden keine Schwundstufen rein begrifflicher Bestimmung, sondern narrative Ereignisse, die zeitlos sind. Individuelle Erzählungen aus den Heiligen Schriften gewinnen auf diese Weise existenzielle Bedeutung. Sie sind immer Zeitgeschehen, sind aber immer auch zeitlos. Entfaltet sich die Theologie als eine rationale Erkenntnisform, die um eine maximale Mitteilung von ihren und um eine Verständigung über ihre Glaubensinhalte bemüht ist, dann kann sie es dabei nicht bewenden lassen, als eine bloß wiederholende Bewahrungsanstalt der Dogmen zu dienen. Die Suche nach der Wahrheit, die womöglich als pathetisch und zeit-ungemäß missverstanden werden könnte, hat innerhalb der Theologie einen würdigen Ort. Die Wahrheit ist nicht nur ihr Ziel, sondern auch ihr Maßstab und vor allem ihre bleibende Sehnsucht, sie zu erreichen und auszudrücken. Nicht nur deshalb kann die Theologie, belastet mit der Bürde der Unzeitgemäßheit, ihr Dasein bewältigen, weil sie eben diesen Anspruch als Kern ihres Selbstverständnisses begreift, sich unzeitgemäß auf ihre jeweilige Zeit zu beziehen.

Dies bedeutet, in die Vergangenheit zu schauen, um, mit dem Antlitz nach hinten gewendet, nach vorn sich bewegen zu können. Wir wirken so, als wären wir im Begriff, uns von etwas zu entfernen, auf das wir starren. Denn alles vor uns, alles Künftige, ist unverfügbar, ungewiss; daher laufen wir in die Zukunft so, als würden wir rückwärtslaufen, mit unserem Blick in die Vergangenheit, die zum einen im unaufhaltsamen »Sturm«[3] der Geschichte, wie Walter Benjamin (1892–1940) dies nannte, unsere plurale Gegenwart stiftet und uns zum anderen für ein Verständnis des Menschen öffnet, in dem der Mensch nicht zu Ende erzählt ist, sondern sich als ein erzählendes Wesen fortwährend neu erzählt. Besteht nicht unser Leben aus einer fortlaufenden Erzählung, in der wir Ereignisse und Erfahrungen zu einem zusammenhängenden Narrativ verweben?

Wir befinden uns in einem endlosen Erzählgewebe, das die Frage nach dem Menschen, der wir sind und sein sollen, immer erneut aufwirft und sowohl Menschsein als Frage formuliert als auch die Beantwortung der Frage offenhält. In Palm 8,5 wird die bleibende Frage so formuliert: »Was ist der Mensch, dass du seiner gedenkst, des Menschen Kind, dass du dich seiner annimmst?«[4] Das fragende Staunen erfasst immer den Menschen als Menschen, nicht allein das Ewige an ihm. In diesem Sinne zeigt sich die Theologie in doppeltem Gewand, indem sie zum einen diesem bleibenden narrativen Charakter der Religion konsequent Rechnung trägt und zum anderen ihren Ausgriff auf das Unbedingte kraft des Denkens vollzieht, indem sie eine ausgesprochen intelligente Tätigkeit des Menschen ist.

Theologie wird möglicherweise aus dem Grund von dem Phänomen der KI angesprochen und provoziert, weil KI ihr Kernelement betrifft, nämlich die menschliche Intelligenz. Dies teilt die Theologie mit der Philosophie, doch mit dem Unterschied, dass die Theologie nicht zuletzt durch ihren narrativen Charakter die Intelligenz als eine bewusste Bezogenheit auf das Transzendente im Menschen selbst verankert. Als fragendes Lebewesen staunt der Mensch dabei nicht über einen Aspekt von sich selbst, über seine Seele, seinen Glauben, seinen Unglauben oder seine Intelligenz, sondern über die Tatsache seines Wesens an sich.

Im Diskurs der KI steht der Mensch als Mensch zur Disposition. Dabei geht es nicht um seine Fehlbarkeit, seine Schwäche, seine – um es tief religiös zu formulieren – Sündhaftigkeit oder seinen Leib; vielmehr ist der ganze Mensch oder genauer der Umstand, dass er nicht über diese Ganzheit verfügt, zu bestaunen. Während die Philosophie ihren Anfang dort findet, wo der Mensch erst recht über die ihm erscheinende Natur ins Staunen versetzt wird, so dass buchstäblich alles fragwürdig wird, sucht die Theologie ihren Anfang dort, wo der Mensch über sich selbst staunt, als ein Lebewesen, das seinem eigenen Streben, vollständig verstanden und erklärt zu sein, entzogen bleibt. Die Theologie führt uns zu der Erkenntnis, dass wir unabschließbar und daher unbestimmt bleiben. Religiös betrachtet bedeutet dies, dass wir lernen müssen, diese Unbestimmtheit auszuhalten und sie zu kultivieren.

So gesehen, stellt sich die Theologie entschieden gegen den Funktionalismus, der die menschliche Intelligenz allein darauf zu reduzieren sucht, ein problemlösendes System zu sein, das jenseits der biologischen Materialität zur Verarbeitung der Daten dient. Und jede Theologie ist nur dann ernst zu nehmen, wenn sie eine Theologie ihrer Zeit ist. Dabei geht es nicht um eine bestimmte Zeitanalyse, sondern um die zeitlose Bestimmung des Menschen in seiner Zeit. Mit anderen Worten: Theologie handelt von der Wahrheit des Menschen in seiner jeweiligen Wirklichkeit. Die Wahrheit besteht in diesem Sinne darin, dass er ein Mensch ist. Und seine Wirklichkeit besteht in dem Umstand, dass wir seine Wahrheit erfassen oder verfehlen können.

Damit stellt der Mensch in seinem Menschsein und seiner Menschlichkeit, insbesondere in seiner Begrenztheit und Grenzüberschreitung, das eigentliche Subjekt der Theologie dar. Theologie ist so verstanden ein Geschehen der Freiheit, der menschlichen Freiheit, der geschenkten Freiheit, um sich in ein bleibendes Beziehungsgeflecht (auch und vor allem das Geflecht der jeweiligen narrativen Traditionen), in Verantwortung und Demut der Erkenntnis einzuschreiben.

Insofern kann die Theologie nicht als ein Diktat Gottes, aber auch nicht als ein beliebiges Unterfangen, sondern vielmehr als ein ernsthafter Versuch begriffen werden, sich seiner selbst im Angesicht und in der Gegenwart einer Wirklichkeit gewahr zu werden, die unsere Verfügungsgewalt immer schon überschreitet. Hier verbindet sich, was wir wissen, was wir tun sollen, was wir hoffen dürfen, und auch das, was wir Mensch nennen, zu einer unabschließbaren Frage. Religiös und theologisch gesehen ist es nicht entscheidend, die Frage endgültig zu beantworten, sondern die Frage nach dem Menschen als Frage zu würdigen, als Frage zu stellen, als Frage auszuhalten und als Frage wachzuhalten.

Wir leben in einer Vielzahl von Krisen, die jeweils die Existenz des Menschen auf fundamental vielschichtige Weise herausfordern. Der zu hohe Energieverbrauch, der exzessive Gebrauch von Wasser, die verantwortungslose Nutzung von Flächen, die Emission von Treibhausgasen, die Versauerung der Böden, die Erwärmung der Meere, der bedrohliche Verlust der Tropenwälder und das immer mehr an Geschwindigkeit zunehmende Artensterben sind nur einige Beispiele, die uns als Menschheit unmittelbar betreffen und deren Lösung in unserer Verantwortung liegt. Als geologischer Faktor sind wir nicht nur aufgerufen, sondern geradezu herausgefordert, aktiv zu handeln, also zunächst zu fragen, wer wir sind und worin unsere Menschlichkeit beruht, wenn unser Lebensraum von unserer eigenen Hand bedroht ist.

Sich als Mensch zum Tier zu wenden, mit dem Gesicht zum Tier glauben zu lernen, dürfte eine Theologie formen, die Gott nicht überweltlich, sondern im Antlitz der kleinsten, verletzbaren und verletzten Lebewesen zu begreifen versucht. Die Rede von der Schöpfung gewinnt dann einen besonderen Charakter, einen Charakter der Achtsamkeit, Liebe und Gerechtigkeit. Theologie kann daher als Kultivierung der Einsicht verstanden werden, dass der Mensch als freies Wesen in dieser Freiheit leben und sich in ihr bewähren kann.

Die Konsequenz dieser Einsicht ist gravierend, weil der Mensch somit nicht programmierbar ist – nichts an ihm, nicht seine Ethik, nicht seine ästhetische Empfindung, nicht sein Glaube oder einfach sein Selbstbild. Denn der Mensch ist kein Programm, weil er nicht aus der Grundlage von Zustandsveränderungen gemäß einer Vorschrift funktioniert, sondern widersprüchlich, intuitiv, kontraproduktiv, verliebt, romantisch und vor allem als freies, geistiges Wesen lebt. Oder anders ausgedrückt: Glaubt man in religiöser Hinsicht an eine Art schicksalshafte Vorherbestimmung, dann bedeutet dies nichts anderes, als dass der Mensch von Gott programmiert worden ist. Er kann weder seine ihm eingeschriebene Vorschrift ausschalten noch gegen diese handeln. Er ist, so könnte man sagen, Opfer seiner eigenen von Gott programmierten Natur.

Widerstand gegen Entmenschlichung

Das mythologische Narrativ von Sisyphos, das seit der Antike einen festen Platz in unserer Kulturgeschichte einnimmt, erzählt die Geschichte einer Gestalt, die von den Göttern dazu verurteilt wurde, einen schweren Stein den steilen Abhang eines Berges hinaufzurollen. Jedes Mal, wenn er den Gipfel fast erreicht hat, entgleitet ihm der Stein und rollt unaufhaltsam zurück ins Tal, und er ist gezwungen, seine endlose Aufgabe von neuem zu beginnen. Diese unablässig sich wiederholende, sinnlose Mühe verdeutlicht das Dasein im Schatten der Absurdität und die menschliche Konfrontation mit der Unentrinnbarkeit des Scheiterns. Nicht nur die Tat selbst, sondern ihre endlose Wiederholung macht sie zu einer so drastischen Strafe. Der französische Philosoph Albert Camus (1913–1960) brachte dies in seinem Essay *Le mythe de Sisyphe (Der Mythos des Sisyphos)* zum Ausdruck: Ein Gesicht, »das sich so nahe am Stein abmüht, ist selbst bereits Stein«[5].

Diese Aussage zeigt die Auslöschung des Menschlichen inmitten der Strafe, bei der sich Sisyphos in der endlos programmierten Tätigkeit verliert. Programmierte Tätigkeit lässt sich deshalb so genau bestimmen, weil sie dem Ausführenden (hier: Sisyphos) keine Wahl lässt. Ihm steht die Option nicht frei, sich der Strafe zu verweigern. Es ist nicht nur der einmalige Entzug der Freiheit, sondern der jedes Mal aufs Neue unausweichlich erfolgende, in diesem Sinne performative Entzug der Freiheit, der sich in jedem Augenblick aufs Neue zeigt: keine Freiheit, keine Freiheit und nochmals keine Freiheit. So lautet der Beschluss des höchsten Gottes Zeus, der Sisyphos zwingt, seinen eigenen Willen völlig zurückzunehmen. Seine Strafe erlaubt keine Entwicklung, keine Einsicht, keine Reue, kein Entkommen und keine Hoffnung – sie ist die absolute Strafe.

In einer technisch digitalisierten Unterwelt könnte die gleiche Strafe darin bestehen, dass der verurteilte Sisyphos dazu verdammt ist, immer und immer wieder eine App herunterzuladen, doch würde sich nach jedem erfolgreichen Download die App automatisch löschen, und Sisyphos müsste denselben Prozess immer erneut wiederholen – das Herunterladen beobachten, die Destruktion erkennen, wie die App sich selbst löscht, nur um sie erneut herunterzuladen. Das Subjekt, das zu dieser Handlung gezwungen wird, lässt sich als Teil des Programms verstehen, degradiert zu einer technisch digitalisierten und zugleich formal leeren Tätigkeit. Sie würde zu einer Art KI werden, weil der Prozess des Herunterladens und Löschens eine ähnlich formal leere Tätigkeit ohne Ende ist. Ein Gesicht, das sich so nahe am Digitalen abmüht, ist selbst bereits digital geworden.

Inmitten der entmenschlichenden und entfremdenden Tätigkeit, der göttlichen Strafe, findet Camus den Aufbruch des Menschlichen in der Haltung des Sisyphos gegenüber seiner Tätigkeit: Es gebe »kein Schicksal, das durch Verachtung nicht überwunden werden kann«[6]. Der Widerstand des Menschlichen scheint selbst inmitten der Unterwelt und der ewigen Verdammnis ungebrochen und unauslöschlich zu sein, weil es im Unauslöschlichen selbst gründet. Doch was ist dieses Unauslöschliche?

Als wir alle Hoffnung in Sisyphos verloren und seine Entmenschlichung akzeptiert haben, findet er dennoch zu sich zurück – nicht plötzlich und nicht ohne Schmerz; aber er wird dieses Unauslöschliche wiederentdecken. Hier zeigt sich, dass das Menschliche, das Widerständige, das Unauslöschliche selbst in den dunkelsten Momenten der Entfremdung und des Leidens doch noch aufleuchten kann.

Gibt es also etwas Menschliches, das dem unabwendbaren Sog der Vergänglichkeit widersteht, der alles ergreift und zur Vergangenheit werden lässt? Kann das einst Errungene jemals seiner Bestimmung entkommen? Wir dienen als innere und äußere Zeugen des Menschseins, eines Wesens, das in seiner evolutionär hervorgebrachten, biochemischen Beschaffenheit, in der komplexen Ausgestaltung seiner Genetik, Proteinbildung, in seinen Stoffwechselvorgängen und zellulären Strukturen sowie der Regulation durch Hormone und Neurotransmitter keine Beständigkeit hat, sondern ein immer und ausnahmslos dynamisches Wesen bleibt. Wir altern, verlangsamen uns, werden behäbiger, erkranken; mitunter entschwindet unser Gedächtnis, wir werden uns selbst und unserer Umgebung fremd, verlieren unseren Humor, unsere als unverwechselbare Eigenheiten verstandenen Merkmale. Die Frage nach dem Menschlichen lenkt daher nicht den Blick auf das Endliche, sondern auf das Ewige im Menschsein, auf das, was von Dauer ist, auf das Personhafte als »Gegenstand der Achtung«[7], wie dies der Philosoph Immanuel Kant (1724–1804) nennt.

Womit ist der Mensch identifizierbar? Wen oder was erblicken wir, wenn wir uns im Spiegel anschauen? Wohl kaum das, was wir halten können, wohl kaum das, über das wir verfügen. Wie können wir uns aber mit dem identifizieren, was wir, Augenblick für Augenblick, nicht sind? Jede derartige momenthafte Identifikation, die dem Jetzt und Jetzt und Jetzt verhaftet ist, scheitert an unserer unentrinnbaren Bestimmung, dass wir endliche Wesen sind. Vor dem Spiegel stehend erfahren wir, dass wir uns anblicken, dass wir aber diesen Anblick nicht berühren können. Wir bleiben uns als Gegenstand eigener Betrachtung unverfügbar, wenn wir uns nicht auf den einen oder anderen Teil unseres Erscheinungsbildes reduzieren.

Dieses Unberührbare, dieses Unantastbare scheint nichts zu sein, was uns verliehen wurde, was uns entzogen werden kann. Es erscheint uns so vielmehr als die Würde menschlicher Seinsweise, die als *Humanitas* aufgefasst werden kann, eine im Menschen verankerte Unbedingtheit. Diese Würde, diese Dignität ist dem Menschen als Menschen wahrhaft eingeschrieben, wodurch er sein Leben menschlich ergreift. Die Dignität unseres Wesens ist keine biologische Größe, weil wir überhaupt nicht nur ein rein biologisches, rein evolutiv und naturwissenschaftlich, nur naturalistisch erklärbares Wesen sind, sondern auch ein kulturelles und soziales, politisches und geschichtliches Phänomen. Die Unbedingtheit menschlicher Würde erwächst nicht aus der Einsicht in die eigene Genetik, sondern sie erwächst aus dem Selbstbewusstsein des Menschen, ein kulturelles, geschichtliches und soziales Wesen zu sein. Insofern verfügen wir nicht nur über ein biologisches, sondern auch ein kulturelles Wesen, insbesondere über emotionale und soziale Intelligenz.

Die Einsicht in diese Würde macht indes das Ewige im Menschen aus, die Einsicht, dass der Mensch zum einen mehr als alles ist, als das er erscheint, und zum anderen mehr als alles ist, was er schafft. Der Mensch kann vieles verlieren; der Mensch kann vieles erringen, und er kann alles Errungene verlieren; der Mensch kann seine Humanität verfehlen, mehr noch: der Mensch kann seine Würde untergraben, leugnen, aber er kann sie nicht verlieren. Die Durchsichtigkeit dieser unsichtbaren Wirklichkeit menschlicher Seinsweise, die nicht objektiv, aber gültig ist, bewährt sich im Leben mit sich selbst, mit seiner Umwelt, Mitwelt und seinen Mitmenschen.

Begreift sich der Mensch als dieses Wesen, dann wird er gewahr, dass er seine Identifikation dort findet, wo er nicht über sie verfügt. Demnach lässt sich der Mensch als das Wesen begreifen, das nicht über seine eigene Wahrheit verfügt.

Theologie hat der geistige Raum zu sein, in dem die Dignität menschlicher Seinsweise, die wir als *Humanitas* bezeichnen können – als Ausdruck von etwas unübertrefflich Menschlichem –, Darstellung findet und in der sie gleichzeitig geschützt wird.

In seiner Menschlichkeit, in all seiner ihm zugesprochenen Unvollkommenheit, repräsentiert der Mensch das Subjekt, auf das Religion abzielt. Hierbei geht es nicht um die Überhöhung oder Überwindung des Menschen, sondern um die Würdigung des *Humanum* und der *Humanitas.*

Im Koran finden sich zwei differenzierte Bestimmungen des Menschen: Einerseits wird der Mensch als »schwach erschaffen«[8] bezeichnet, getragen von einer Seele, die zum Bösen neigt. Andererseits heißt es: »Und wahrlich, geehrt haben Wir die Kinder Adams«[9]. Hier geht es nicht um einen Supermenschen mit einer dunklen Seite; vielmehr wird der Mensch als ein Wesen gewürdigt, das zwar schwach erschaffen ist, das aber in dieser Schwäche dennoch zugleich die Würdigung erfährt, dass sich Gott seiner angenommen hat.

Der Mensch erkennt, wie es in einem Psalm heißt:

> Du selbst hast mein Innerstes geschaffen, hast mich gewoben im Schoß meiner Mutter. Ich danke dir, dass ich so staunenswert und wunderbar gestaltet bin. Ich weiß es genau: Wunderbar sind deine Werke.[10]

Worin besteht aber das Wunderbare am Menschen, wenn es nicht auf eine Eigenschaft, eine Tugend zurückgeführt werden kann? Der Mensch scheint kein fixierbares Wesen zu sein, sondern »ein Geschöpf von unbestimmter Gestalt«[11], wie es der Renaissance-Gelehrte Giovanni Pico della Mirandola (1463–1494) ausdrückte. In dieser prinzipiellen Unbestimmtheit, dass der Mensch nicht in seiner Lebensführung, in seinen Handlungen vorherbestimmt und vorprogrammiert ist, liegt seine Freiheit.

Als dieses freie Wesen wird dem Menschen auferlegt, als »Statthalter Gottes«[12] auf Erden zu wirken. Seine Freiheit, sich für das Gute und Gerechte zu entscheiden, kann daher nicht ohne Verantwortung bleiben. Den Menschen obliegt die zentrale Verantwortung, die Schöpfung Gottes in Würde zu bewahren und zum Guten zu formen. Diese Verantwortung erstreckt sich darüber hinaus darauf, das Leben und das Lebendige zu schützen und zwischen den Menschen Frieden zu fördern. Die Essenz des Menschseins offenbart sich daher im Bestreben, gemäß den göttlichen Ansprüchen zu leben.

Die Engel staunen über diesen Entschluss Gottes, weil sie in das Menschsein kein Vertrauen fassen können. Im Koran wird ihre Rebellion angedeutet, wenn es heißt: »Willst Du auf ihr einsetzen einen, der auf ihr stiftet Unheil und Blut vergießt? Da doch wir Dein Lob preisen und Dich heiligen!«[13]

Der Einwand ist verständlich. Der Mensch scheint ein zutiefst ambivalentes Wesen zu sein, das im Unterschied zu den Engeln nicht hinreichend zuverlässig ist. Die Engel können nicht nachvollziehen, warum der Ewige ausgerechnet dem Menschen Ehrung zukommen lässt und Verantwortung überträgt, obgleich sie selbst geeigneter scheinen, weil sie vorschriftsgemäß ihre Gott-Zugewandtheit ohne Unterlass vollziehen. Sie existieren, um Gott zu lobpreisen; darin liegt ihr programmierter Algorithmus, dem sie entschieden folgen. Damit repräsentieren sie aber auch das Unmenschliche im Sinne eines maschinell exakt vollziehenden, digitalisierten Systems – zielführender, schneller, unverfänglicher, als der Mensch es kann. Eine Zustandsveränderung der Engel ist möglich, aber nur insofern sie programmatisch, d. h. computerhaft geregelt ist. Die Engel hätten eben getan, was ihnen vorgeschrieben worden wäre, indem sie ihre Freiheit und ihren Willen vollkommen zurückgenommen hätten vor dem Willen Gottes. Aber der Ewige hat sich entschieden für den fehlbaren Menschen, indem er erwidert: »Ich weiß sehr wohl, was ihr nicht wisst.«[14]

Das, was hier gegen einen programmatischen Algorithmus vorgebracht wird, nämlich die Freiheit als Mangelerscheinung verstanden, entspringt dem zutiefst Menschlichen. Der Mensch ist ein Wesen der Freiheit, das nicht dem inneren, für ihn vorgesehenen Programm, sondern einem inneren Ruf folgt. Er mag oft genug daran scheitern, vielleicht immer wieder, doch das Scheitern ist nicht zwingend notwendig.

Die Schöpfung ist nicht einem vollkommen funktionierenden System, sondern der Freiheit anvertraut, einer Freiheit, die in der Verantwortung wurzelt, aber scheitern kann. Der Mensch wird dabei nicht verklärt, in Phantasien der Perfektion eingebettet, sondern im Vertrauen Gottes verankert. Menschsein heißt demnach, auf Gott zu vertrauen, auf dessen Vertrauen hin der Mensch auf seine Menschlichkeit zurückgeworfen wird. Die Rede von *Humanitas* bekundet ebenjene Wirklichkeit im Menschen, die seine nicht minderbare Würde, das unübertrefflich Menschliche, wachhält.

Intelligenz und Theologie

Die Frage nach dem Menschen ist insofern eine dezidiert theologische Frage, als sich Menschsein als Frage vollzieht. Der Mensch ist nicht nur ein fragendes Wesen, das alles in Frage stellt; der Mensch ist sich selbst eine Frage, die er weder beantworten noch deren Beantwortung er von sich weisen kann. Als die würdigste Frage kann er aber nicht der Gegenstand der Theologie sein, weil er selbst die Frage stellt und weil er als Subjekt dieser Frage dient – er steht sich selbst gegenüber. Vielleicht ist der Mensch das einzig fragwürdige Wesen, dem es in seinem Selbstbezug nicht um sich, sondern um seinen eigentlichen Seinsgrund geht. Theologie wäre somit der Ort, an dem der Mensch die Frage nach sich selbst in der Frage nach Gott versammelt. Alles Menschliche mündet so gesehen in der Einsicht, dass der Mensch die Frage Gottes ist.

Im Zusammenhang mit der Frage, wovon die Theologie handelt, stoßen wir auf die Intelligenz. Denn der Ausgriff auf das Unbedingte, auf das Göttliche vollzieht sich in einem Denkakt. Denken ist eine Bestimmung des Menschen, charakterisiert den Menschen selbst. Als Lebewesen verfügen wir über eine Denkfähigkeit. Der Maßstab der Theologie kann daher nicht darin liegen, wie fromm oder gläubig die Theologie durchdacht wird, sondern allein darin, inwiefern sie dem präzisen Denken, d. h. der Inanspruchnahme der Intelligenz genügt.

In diesem Lichte gesehen wird die Theologie selbst zum Thema. Insofern bedeutet die Frage nach der Intelligenz für die Theologie eine Selbstbesinnung, die sich ihrerseits nicht jenseits des Denkens vollziehen kann. Doch der Unterschied der Theologie zur Philosophie dürfte sich darin zeigen, dass sie nicht nur mit dem Denken als der höchsten Tätigkeit des Menschen, sondern mit einer dezidiert eigenen religiösen Intelligenz verflochten ist, die sich aus einem narrativen Charakter ihrer Selbstvergewisserung heraus vollzieht. Oder anders ausgedrückt: Alles Religiöse ist ein Narrativ der Selbsttranszendenz. Diese Narrative nehmen uns Menschen als Lebewesen, die denkend und erzählend ihr Dasein bewältigen, in Anspruch. Religiöse Narrative, von denen bereits die Rede war, prägen zum einen das Denkvermögen, das sich auf sie bezieht, und stiften zum anderen dem Denkvorgang eine bleibende Bezogenheit.

Die Religion leuchtet als Verflechtung des Menschen mit Erzählungen auf, von denen er sich nicht frei machen kann. Die bleibende Wirkmächtigkeit der religiösen Erzählungen besteht insbesondere darin, dass sich der Mensch in diesem narrativen Geflecht unentwegt selbst erzählt. Während sich die Intelligenz aus unserer soziokulturellen Prägung stiftet, sie also, mit dem Philosophen Markus Gabriel (*1980) gesprochen,[15] selbst ein Artefakt des Menschen ist, leuchtet die Intelligenz innerhalb der Theologie in doppelter Hinsicht auf, nämlich einerseits als reine Denkfähigkeit und andererseits als eine göttlich vermittelte narrative Intelligenz, die uns existenziell betrifft, d. h. bedingungslos in Anspruch nimmt.

Theologie betrifft den Menschen unbedingt, weil Menschsein (also das *Humanum* und die *Humanitas*) nicht allein auf das in der Evolution entwickelte biochemische Grundmaterial zurückzuführen ist, sondern Menschsein vollzieht sich nach dem Bild, das Gott dem Menschen mitteilt. Der Mensch ist somit ein Wesen, das sein Sein und sein Sollen, also wer er ist und wer er sein soll, nach dem Bild entwirft und lebt, das Gott ihm zuspricht.

Religion, zumindest in abrahamitischen Traditionen, lässt sich in diesem Sinne als die Einsicht begreifen, dass ich im An-Spruch Gottes lebe, von ihm angesprochen und in seinem Anspruch stehend lebe. Theologie hingegen ist der Versuch, im Zu-Spruch Gottes sein angesprochenes Leben zu beschreiben, d.h. zu begreifen, was es heißt, ein Mensch zu sein, ein Mensch für sich selbst, ein Mensch unter Menschen, ein Mensch im Leben mit anderen Lebewesen, ein Mensch in Verantwortung für die Schöpfung, ein Mensch im Angesicht Gottes.

Die Frage ist: Wer sind wir, wir Menschen, die wir uns nach dem Bild Gottes verstehen?

3 Der imperfekte Mensch

Das Streben nach menschlicher Perfektibilität und die gleichzeitige Begrenztheit des Menschen

Der Mensch als ›jeder Bewunderung würdiges Lebewesen‹?

Untersucht die Theologie den Menschen in Bezug auf seinen Glauben hin, geschieht dies unter Berücksichtigung der Denkfähigkeit menschlicher Intelligenz, die zum einen fallibel bleibt, also stets fehlbar ist. Zum anderen steht das Subjekt, das auf das Unbedingte abzielt, unweigerlich selbst in Frage. Entsprechend begreift sich Theologie nicht als eine Art Wahrheitsverkündung, sondern als Wahrheitsliebe. Johann Wolfgang Goethes (1749–1832) Diktum »Es irrt der Mensch solang er strebt«[1], findet seine volle Entfaltung innerhalb einer Theologie, die um ihre prinzipielle Imperfektion weiß.

Nicht einem, der sich selbst überwindet, der vergeht und entkommt, sondern einem, der in seiner unbestimmten Seinsweise, mit seiner Endlichkeit, Verletzlichkeit und Fehlbarkeit am Menschsein festhält, wird die Verantwortung für die Schöpfung Gottes anvertraut. Demnach wird Menschsein nicht als Übergang und Transit einer höheren oder niederen Seinsart, sondern als Wert und Zweck an sich erfasst.

Dieses Menschenbild lässt sich als ein Humanismus verstehen, bei dem es um das *Humanum* und die *Humanitas* geht, um das Ergreifen der Menschlichkeit, ohne dabei anthropozentrisch ausgerichtet zu sein.

Angesichts der zerstörerischen Wucht menschlicher Selbstverwirklichung, die die Zerstörung der Natur, anderer Lebensformen und seiner eigenen Gattung in einer geradezu antizivilisatorischen Geste praktiziert, müsste man gerade im theologischen Bewusstsein zögern, vom Humanismus als Ideal zu sprechen.

Der antiquierte Mensch

Die »Antiquiertheit des Menschen«[2], die der Philosoph Günther Anders (1902–1992) bereits im vergangenen Jahrhundert feststellte, besteht darin, dass der Mensch aus der Mitte des Universums vertrieben wurde, keine Krone der Schöpfung, sondern ein Produkt der Evolution unter anderen darstellt, nicht mehr Herr im eigenen Haus ist, sondern von seinen Trieben gesteuert wird,[3] sowie der Tatsache, dass seine Willensfreiheit durch die Neurowissenschaften in Frage gestellt wurde. In dieser Perspektive erscheint der Mensch als ein Wesen, das seine zentrale Stellung verloren hat, ein Akteur, der sich den mechanistischen und deterministischen Kräften der Natur und seines eigenen Inneren immer weiter beugen muss.

Dieser materialistisch-naturalistische Reduktionismus bildet die Grundlage der KI-Visionen, die nicht den Menschen ins Zentrum zurückholen, sondern ihn durch die Vision der technologischen Selbsterweiterung, der genetischen Modifikation, der kybernetischen Implantate und der digitalen Bewusstseinsübertragung optimieren und letztlich als Mensch abschaffen wollen.

Ist die Sehnsucht nach Gott tatsächlich durch die Hoffnung auf technologische Erfüllung ersetzbar? Oder laufen wir Gefahr, in unserem Streben nach Perfektion unsere Menschlichkeit zu verlieren? In diesem Spannungsfeld zwischen technologischem Fortschritt und menschlicher Sehnsucht offenbart sich die tiefere Dimension der »Antiquiertheit des Menschen«. Diese Sichtweise liefert nicht nur eine Diagnose unserer gegenwärtigen Situation, sondern fordert auch dazu auf, über die Grenzen unseres Seins zu reflektieren und die wahre Natur unserer Existenz neu zu überdenken.

Ist der Mensch mehr als ein algorithmisch informationsverarbeitendes, ein berechenbares, verfügbares und programmierbares System? Der in dieser Frage aufscheinende materialistisch-naturalistisch reduktive Blick sieht den Menschen in doppelter Hinsicht als eine Art Mangelware: zum einen in seinem Sosein, d. h. insbesondere in seiner leiblich-geistigen Einheit, und zum anderen in seinem humanistischen Selbstverständnis.

Vor diesem Hintergrund erscheint es kaum überraschend, wenn die vorherrschende KI-Vision mit ihrer technisch-instrumentellen Vernunft den Menschen als ein Wesen begreift, das als Objekt naturwissenschaftlich-technischer Eingriffe verbesserungsbedürftig ist. Der berechenbare, durchsichtige und beherrschbare Mensch, so die Auffassung, soll immer und immer weiter optimiert werden. Damit wird der Mensch nicht nur funktional bestimmt, sondern vor allem auf rein materialistisch-biologische Prozesse und chemische Vorgänge reduziert, so dass die menschliche Intelligenz als prinzipiell lebens- und körperunabhängig und somit als grundsätzlich duplizierbar erscheint.

Doch die prinzipielle Unabschließbarkeit menschlicher Bestimmung, die Tatsache, dass er sich als biologisches und soziokulturelles Lebewesen selbst immer wieder neu zur Frage wird, die er nicht endgültig beantworten, deren Beantwortung er aber nicht von sich weisen kann, steht diesem Menschbild diametral entgegen. Demnach bleibt der Mensch immer unbestimmt, ist nicht vollständig dekodier- und dechiffrierbar.

Die KI-Vision des Menschen ist aber durchaus »voll metaphysischer Spitzfindigkeit und theologischer Mucken«[4], um eine Wendung von Karl Marx (1818–1883) zu bemühen. Denn hier avancieren die Visionäre der KI-Technologie zu einer Art Schöpfer von Wesen, ob sie nun Trinkautomaten oder Roboter sind, Schachmaschinen oder ChatGPT, die sowohl über bestimmte, programmierte Fähigkeiten verfügen als auch gemäß diesen Fähigkeiten bestimmte, algorithmisch durchkalkulierte Aufgaben erfüllen, d. h. Anweisungen folgen, die kodiert sind.

Das Problem liegt nicht darin, eine digitale Götterwelt erschaffen zu wollen; das Problem wird virulent, weil implizit ein Menschenbild propagiert wird, das den Schöpferfähigkeiten gleicht. Es geht nicht darum, eine KI zu erschaffen, die dem Menschen lediglich dient, sondern anscheinend vielmehr darum, eine spezielle Form der Spiritualität zu erzeugen. Hier entsteht ein neuer ›Geist‹, der in seiner Digitalität den menschlichen Geist quantifiziert, im Grunde zerredet, weil der neue Geist ihn auf die Verarbeitung von Daten und Informationen reduziert.

Doch wie jede andere Form von Spiritualität, die sich als Angebot zu einem neuen Menschenverständnis anbietet, ohne die wir angeblich uns selbst verfehlen würden, erleben wir unseren Alltag durchdrungen von einem anonymen Geist, der nahezu alternativlos unser Leben als Leben diktiert – dem digitalen Spirit.

Dabei geht es nicht um eine vermittelte Anonymität wie im Falle eines Autors, der unter einem Pseudonym schreibt, weil er anonym bleiben will. Wir gehen vielmehr in einem Alltag auf, in dem die digitale Bemächtigung unseres Lebens unmittelbar anonym bleibt. Wir mögen daran Gefallen finden, wie leicht und bequem wir z. B. bei Amazon oder Temu zu jeder Zeit und von überall Dinge bestellen können, aber ein geklärtes Verhältnis zum Phänomen Amazon haben wir nicht; da Amazon nicht thematisch ist, während wir bestellen, sondern kostenlos und unauffällig eine Plattform zur Verfügung stellt, die dieses Bestellen reguliert. Diese unausdrückbare Anonymität ist alltäglich und für uns letztlich subjektlos. Es ist nicht niemand, ein Neutrum, sondern eine sich selbst nicht thematisch machende Instanz, deren Anonymität ihr eigentliches Element ist. Das eigentliche Moment unserer Verfallenheit an diese digitale Anonymität besteht darin, dass sie nicht zu unserem Alltag gehört, sondern unseren Alltag ausmacht, oft schon unser Alltag ist.

Der geglättete Mensch

Die spirituelle Gegenwart und Totalität der Artefakte nehmen uns in Anspruch. So besitzt ein iPhone eine numinose Qualität; denn in seiner Erscheinung geht es über das Alltägliche hinaus. Es transzendiert das Gewöhnliche und nimmt damit eine Art spirituelle Dimension an. Seine glatte, zarte Oberfläche, die makellos wie die Hülle eines sakralen Gegenstands wirkt, erweckt ein Gefühl des Heiligen. Die filigrane Bauweise und das edle Material verleihen ihm eine eigene Aura. Mit Ehrfurcht berühren und bestaunen wir das Ding – als wäre es nicht Produkt menschlicher Intelligenz, sondern Erscheinung einer Intelligenz eigener Art, einer Superintelligenz.

In dieser Erscheinung ist seine Fragilität eingeschrieben, welche uns durch seine Kostbarkeit eine eigene Ehrfurcht abverlangt. Wir trauen uns kaum, es zu berühren. Eine schaudernde, zitternde Erfahrung stellt sich ein, wenn wir uns seiner besonderen Präsenz bewusst werden – es wirkt wie ein »Mysterium tremendum et fascinans«[5], wie ein erschreckendes und faszinierendes Geheimnis, wie dies der Religionswissenschaftler Rudolf Otto (1869–1937) nennt. Schutzhülle und Panzergläser wirken als rituelle Abwehrmittel gegen das Unheil, die notwendig sind, um das numinose Objekt vor der Unreinheit, Versehrtheit und den Gefahren der profanen Welt zu bewahren. Die Anbringung dieser Schutzschichten wird zu einem Akt der Weihe, bei dem der Besitzer das Smartphone vor den profanen Einflüssen schützt und es in einen Heilzustand zu versetzen versucht. So gesehen wird das iPhone nicht nur als ein gewöhnliches elektronisches Gerät betrachtet, sondern als ein Objekt, das erst in einem rituell-zeremoniellen Akt seine Wirkkraft entfaltet. In seiner Leistungsfähigkeit kann es als eine Form der Überschreitung verstanden werden, die den Menschen über seine gewöhnlichen Grenzen hinausführt.

Es geht hier also nicht allein um die Kreation einer Intelligenz, die unabhängig von der zitternden Hand eines

Menschen ihren inneren Gesetzen folgt, die ihr algorithmisch eingegeben sind; nicht um die Phantasie einer Gesellschaftsordnung, die nicht demokratisch sich orientiert, sondern Perfektibilitätsnormen einer technisch-digitalisierten Transparenz nachkommen will; nicht um ein Menschenbild, das nicht an seiner Humanität, sondern an einem Perfektibilitätsdesign eines leib-transzendierten Systems orientiert ist. Die Vision besteht vielmehr darin, nicht den Menschen, nicht die menschliche Intelligenz, sondern Gotteswirklichkeit zu simulieren.

Die einzelnen Attribute der KI-Systeme könnten in ihrem umfassenden Wissen durch Datenanalyse als allwissend, durch die globale Präsenz des Internets als allgegenwärtig, durch ihre unüberbietbare Rechenkapazität und unfehlbare Denkfähigkeit einer Superintelligenz als allmächtig interpretiert werden. Ein Vergehen an dieser Spiritualität 2.0 als eine Art Techno-Blasphemie wird bereits jetzt sanktioniert. Wenn wir unsere Schritte nicht zählen, wenn wir in sozialen Netzwerken nichts mehr posten, wenn wir unsere Systeme nicht updaten, wenn wir keine E-Mail mehr schreiben, wenn wir die üblichen Suchmaschinen nicht mehr bedienen, müssen wir mit einem anderen (entwerteten) Leben rechnen.

In einer Episode der britischen Science-Fiction-Serie *Black Mirror* mit dem Titel »Nosedive«[6] gibt es ein gutes Beispiel: Geschildert wird eine Gesellschaft, in der Menschen einem Bewertungssystem (*Social Ranking*) unterworfen sind, das für alle transparent ist. Jeder bewertet jeden, und zwar überall. Und die Bewertung kennt keine Pause. Im Café, bei der Arbeit, unter Freunden, in der Familie, unter Bekannten und Unbekannten ist jeder Mensch der permanenten Bewertung und damit letztlich ständiger und totaler Kontrolle ausgesetzt. Die Bewertungen haben Konsequenzen für die Lebensqualität der Menschen: Ist das Ranking zu niedrig, landet man im Gefängnis.

Dabei geht es hier anscheinend nicht allein um Lohn und Strafe, die hier religiös aufgeladen ist (man könnte das Gefängnis als weltliche Hölle deuten), sondern es wird nahegelegt, das Ranking entscheide über Glück und Unglück, Wert und Unwert. Darin besteht der eigentliche Reiz dieser futuristischen Spiritualität, weil sie den Menschen mit einer religiös-theologischen, spirituellen Geste einholt, die aber im Kern in digitaler, algorithmischer Reduktion auf Berechenbarkeit bzw. Reduktion auf Quantifizierung besteht.

Die gängige KI-Vision verspricht eine eigene Spiritualität, weil sie sich in ihrer materialistisch-naturalistischen Grundhaltung gleichsam wie Äther überall findet, da sie sich, so dürfte die Selbstbegründung lauten, den Bedürfnissen der Menschen immer und immer wieder anpasst, die sie aber selbst erzeugt.

Doch eine Intelligenz, die in ihrer Künstlichkeit die Bedürfnisse der Menschen bedient, formt in Wahrheit diese Menschen, um mit diesem Artefakt teilweise und irgendwann auch gänzlich das wesentlich Menschliche zu erreichen, es zu beherrschen und dann immer wieder zu duplizieren. Mit anderen Worten: Hier wird nicht ein Artefakt hergestellt, sondern der Mensch artefiziell reduziert.

Dabei muss der Vorzug des Menschen vor anderen Lebewesen keineswegs zwangsläufig angenommen werden. Aber sehr wohl bleibt der Mensch das Subjekt seiner Selbstbestimmung, das Subjekt seiner Freiheit, das Subjekt der

Ethik. Menschen, die nicht geglättet sind, die mit Narben und Wunden, mit Schmerz und Trauer, mit unerfüllten und unerreichten Erinnerungen leben, mit Widersprüchen und Schwächen existieren, scheinen ein anderes Selbstbild zu haben. Sie akzeptieren ihre Widersprüche und Schwächen als integralen Bestandteil ihres Seins und verstehen, dass das Leben keine fehlerfreie Abfolge von Ereignissen ist, sondern eine komplexe und unvorhersehbare Reise.

Währenddessen propagieren die gängigen KI-Visionäre die Vorstellung einer digitalen Perfektion, die beherrschbar, verfügbar und kalkulierbar ist. Sie vermitteln die Illusion, dass diese Art von Perfektion erstrebenswert sei, während sie die Vielschichtigkeit und Unvorhersehbarkeit des menschlichen Lebens negieren. In ihrer Fixierung auf eine abstrakte Form der Perfektion verfehlen sie dabei jedoch die menschliche Existenz und das reiche Panorama menschlicher Erfahrung, Einheit ihrer unterschiedlichen Ausdrucksmöglichkeiten zu sein.

Die Wehrhaftigkeit des Humanismus muss sich gegen diese antihumanistische Grundhaltung vor dem Hintergrund der soziokulturellen, politischen und ökonomischen Situation unserer Gegenwart beweisen.

Positionen des »Jenseits des Humanismus« wollen den Unterschied zwischen Person und Sache aufheben, indem sie sowohl Dinge als auch Menschen als Mittel für einen größeren Nutzen betrachten. Sie lehnen nicht nur die Sonderstellung des Menschen ab,[7] sondern verwerfen auch das vom Philosophen Immanuel Kant formulierte Instrumentalisierungsverbot, nach dem der Mensch niemals bloß als Mittel für einen Zweck gebraucht werden darf.[8] Für Kant ist der Mensch ein Zweck an sich und sollte stets in seiner

Würde respektiert und behandelt werden. Personen, deren Vor- und Nachteile nicht gegeneinander aufzuwiegen sind, verkörpern ein »starkes Menschenbild«, das von Transhumanisten oft abschätzig hervorgehoben wird. Dieses Menschenbild schließt jedoch nicht zwangsläufig eine ebenso zu beachtende Würdigung anderer Lebewesen aus.

Insofern plädiere ich für einen kritischen Neo-Humanismus. Dieser kann weder religionsspezifisch noch ein Rückgriff auf den Renaissance-Humanismus sein. Drei Thesen fassen meinen Ansatz zusammen:

1. Wir müssen uns als Subjekt der Ethik, d.h. anthropogen, aber nicht anthropozentrisch begreifen.
2. Wir müssen den Wert der eigenen Menschlichkeit darin sehen, den Eigenwert anderer Lebewesen in einer Ethik der *Mit*verantwortung zu verankern.
3. Wir müssen den Wert der eigenen Menschlichkeit in der prinzipiellen Unbestimmtheit und Unabschließbarkeit unserer menschlichen Seinsweise, die sowohl biologisch als auch soziokulturell bestimmt ist, in einer unverfügbaren und jeweiligen Einzigkeit mit Würde und Achtung erkennen, die es nicht zu überwinden, sondern die es zu kultivieren gilt.

4 Der erweiterte Mensch

Das Streben nach technologischer Transzendenz

Das große Versprechen

Im Zeitalter der KI ist das Wesen des Menschen fragwürdig geworden. Der technische Fortschritt spielt dabei eine wichtige Rolle. Er verspricht, dass der Mensch nicht einfach dem natürlichen Gang der Evolution durch natürliche Selektion unterworfen ist, sondern selbst ein Akteur seiner Evolution sein kann. Die Evolution sei nicht nur langsam, sondern auch nicht immer effektiv, weil ihr ein klares Ziel fehle. Die menschliche Entwicklung lässt kein Ziel, kein Telos erkennen. Wohin mit der Menschheit? Es komme darauf an, selbst das Telos der Evolution zu bestimmen und dieses Ziel aktiv zu verfolgen. Die Entmündigung der Evolution, deren Zufallsprodukt der Mensch darstellt, soll von den Menschen selbst vollzogen werden, indem sie nicht erst Millionen von Jahren abwarten, bis aus ihnen ein etwas höher entwickelter Über-Mensch entsteht oder sie ausgelöscht werden; vielmehr kann sich der Mensch durch seine Intelligenz und mit Hilfe der Technologie mit dem großen Versprechen identifizieren. Das nächste Stadium der Evolution wird, so die Vision, kein biologisches, sondern ein technologisches Stadium sein.

Hierbei dient als Maßstab für das Menschsein und seine Evolution die Intelligenz. An ihr würden wir erkennen, dass wir mehr, besser, länger, effektiver sein können, als wir uns bisher vorstellen konnten. Der technische Fortschritt diene dem Menschen, nicht bloß, um seinen Alltag und seine Arbeitswelt, seine Bedürfnisse und sein Verhalten zu optimieren, sondern vor allem, um sich selbst, seine eigene Funktionalität entschieden zu steigern. Dies sei keine Möglichkeit unter vielen, der höhere Mensch zu sein, sondern eine Bestimmung, der wir uns mit dem technischen Fortschritt öffnen können, um – ganz im Sinne des Utilitarismus – unser Glück zu maximieren und unser Leid zu minimieren.

Der Utilitarismus ist eine ethische Theorie, die besagt, dass die beste Handlung diejenige ist, die das größte Glück oder den größten Nutzen für die meisten Menschen schafft. Es geht also darum, die Konsequenzen einer Handlung zu bewerten und zu entscheiden, welche Handlungen den größten positiven Effekt und den geringsten negativen Effekt auf das Wohlbefinden der Menschen haben. Das Problem eines solchen nutzenmaximierenden Denkens besteht aber darin, dass es die individuelle Bestimmung des Menschen nicht beachtet, dass ich mein Leben bewusst erschweren will und darf, wenn es mir (um ein Beispiel zu geben) danach wäre, ein komplexes Buch zu lesen, mir lieber eine Zusammenfassung des Buches von ChatGPT erstellen zu lassen und die restliche Zeit für einen angenehmen Sparziergang zu nutzen, die ich sonst für das Lesen des Buches hätte investieren müssen.

Durch die Technologie der KI werden wir, so lautet die Verheißung der Techno-Utopie der KI, frei von Leid. Wichtig ist in diesem Zusammenhang das große Versprechen: »Der Mensch ist zum Höheren bestimmt.« Denn es geht hier um ein Versprechen der Größe, das nun in der menschlichen Intelligenz selbst verankert sein soll. Der Mensch soll bloß seine Potenziale erkennen.

In dieses große Versprechen ist ein zutiefst religiöser Habitus eingeschrieben. Das große Versprechen der Religionen bezieht sich auf das Gelingen des menschlichen Lebens, dass der Mensch letztlich Glück finde, zu seinem Ursprung zurückkehre, den höchsten paradiesischen Zustand erlange, das ewige Leben erreiche, wenn er sich nur Gott öffnet, seine Gebote und seine Leitung annimmt. Erlöst werden wir nicht von uns, von unserem Menschsein, sondern von allem, was uns daran hindert, der Mensch zu sein, der letztlich unsere Bestimmung ist: als Mensch Erlösung zu finden, was auch immer die Erlösung dann sein soll. Menschsein wird gelingen. So lautet das religiöse Versprechen.

Die Leerstelle im Leben, die sich innerhalb der Religion mit dem Glauben an Gott füllt, damit man als Mensch mit seiner Schuldverstrickung versöhnt werden kann, wird durch den Glauben an Technologie ersetzt. Damit braucht man keine Transzendenzbezogenheit, keine göttliche Verheißung mehr. Die Technologie oder, sagen wir lieber: die Technoreligion ist greifbar, weltlich immanent. Sie lehnt den anscheinend passiven herkömmlichen Glauben ab, der nach dieser Lesart die Religionen ausmacht, indem die Gläubigen sich bisher einem Gott anvertrauen, der ihnen einen illusorischen Himmel versprochen hat.

Doch was ist wahrscheinlicher: die biblisch-koranischen Verheißungen eines jenseitigen Lebens, die unsere Vorstellungskraft überschreiten, oder die Verheißung eines Lebens, das mit Hilfe der Technologie und KI sukzessive das menschliche Leben erweitert, optimiert und qualitativ erhöht? Den Fortschritt des Menschen zu einem höheren Wesen, d. h. den Übergang vom *Homo sapiens* zu einem *Homo digitalis,* wird der Mensch selbst teleologisch festlegen und designen. Er wird als intelligenter Architekt seiner Natur auftreten. Insofern wird die Existenz Gottes nicht einfach abgelehnt, sondern sie wird von innen ausgehöhlt, indem der Mensch selbst Gottes Position einnimmt, seine Unschärfe konkretisiert, seine oft mehrdeutige, dunkle und ambigue Sprache in technologischer Konkretion vereindeutigt.

Dieses große Versprechen will die Lebensqualität steigern, optimieren und das Lebensgefühl positiv gestalten. Wir Menschen, so der schwedische Philosoph und Zukunftsforscher Nick Bostrom (*1973), sollten die Möglichkeit ergreifen,

> viel länger und gesünder zu leben, unser Gedächtnis und andere intellektuelle Fähigkeiten zu verbessern, unser emotionales Erleben zu verfeinern, und unser subjektives Wohlbefinden zu steigern und ganz allgemein ein größeres Maß an Kontrolle über unser eigenes Leben zu erlangen.[1]

Das leitende Motiv der KI-Entwicklung bildet das »subjektive Wohlbefinden«: Alles muss diesem Ideal untergeordnet werden können, weil alles der unbändigen Steigerung der Lebensqualität des Menschen dient. Die Steigerung der Lebensqualität macht aber nicht vor dem Menschen halt, sondern dringt, so könnte man sagen, in den Menschen ein, um so die Fähigkeiten des Menschen selbst zu steigern. Allein ein technologisch von innen heraus erweiterter Mensch ist zukunftsfähig. Doch ist diese Zukunft selbst Teil der transhumanistischen Vision.

Der Transhumanismus basiert auf drei Überzeugungen:

1. Der Mensch ist ein Übergangswesen.
2. Jede Geschichte ist eine Art Verfallsgeschichte, ein Untergang. Für den Einzelnen gilt: Altern ist eine Krankheit, und die Endlichkeit ist ein zu überwindendes Problem.
3. Der Transhumanismus setzt als Gegenentwurf zu diesem Geschichts- und Kulturpessimismus auf einen uneingeschränkten techno-religiösen Optimismus. Das große Versprechen lautet: Der Mensch werde errettet. Und die Errettung sei nah, so dies quasi-religiöse Narrativ als ein Erlösungs- und Heilsversprechen. Das Erlösungsversprechen ist dabei konkret, denn der Mensch werde von allen seinen Bedingtheiten, seinen Begrenztheiten, seinem Schmerz und seiner Leiderfahrung erlöst. Dies kommt nicht von einem ominösen Gott. Es gibt auch keine Offenbarung, keinen Propheten und keine göttliche Manifestation; die Erlösung sei die Technologie selbst, eine künstliche Superintelligenz, die in sich alles Erlösende trägt. Die Technologie dient als das endgültig neue Evangelium, als neue Frohe Botschaft.

Für die Avantgarden der Evolution, wie sie sich selbst verstehen, besteht die Wahrheit des Menschen in seiner Vergänglichkeit. Doch er soll nicht einfach vergehen; vielmehr soll er die Brücke, eine Art Missing Link für einen Kommenden sein. Der Transhumanismus ist der Weg dorthin – ein radikaler und alles andere ausschließender Glauben an Technologie, die rein naturalistisch begründet ist. In dieser Absolutsetzung besteht sein eigentlicher techno-religiöser Habitus. Der transhumanistische Ansatz einer Kreation 2.0 ist eine Rede von einem Jenseits, einem unvorstellbaren

Nicht-Ort, einer Nicht-Zeit, einem Nicht-Werden, die eines verspricht: reine Glückseligkeit, reines Wohlbefinden; eben das Ende aller Schmerzen, aller Krankheiten und letztlich des Todes. Die Welt soll zu einem besseren, lebenswerteren Ort gemacht werden, so die Vision.

Das Versprechen ist jedoch alles andere als neu. So heißt es in der *Offenbarung des Johannes*: »Er wird alle Tränen von ihren Augen abwischen: Der Tod wird nicht mehr sein, keine Trauer, keine Klage, keine Mühsal. Denn was früher war, ist vergangen.«[2]

Diese religiöse Sprache ist im Ansatz des Transhumanismus omnipräsent, das große Versprechen inhaltsgleich; allein der Glaube hat sich verändert, ist zum Glauben an die KI geworden – in einem spirituell-technischen Narrativ. Sie verspricht ein Jenseits, das im Begriff ist, zu entstehen. Dieses Jenseits ist »work in progress«[3], wie Bostrom die menschliche Natur versteht. Dieses Jenseits ist fühlbar, fühlbar glatt, ertastbar und vor allem: hier. Es geht um das Diesseits, dessen Paradigmen aber derart verändert werden, dass es imaginär jenseitig vorgestellt wird: als das Kommende, eben als ein Morgen der Glückseligkeit. Die Verheißung zu erfüllen, haben wir selbst in der Hand, so die Vision, die vom »praktischen Optimismus«[4] spricht. Nicht ein Gott gewährt uns Zugang ins Paradies, sondern wir alle können an dieser ›Superintelligenz‹ teilhaben, die sich eine entsprechende Umgebung schaffen will, so dass sich alle transformieren.

Insofern wäre es fatal, die religiös aufgeladene Wucht dieser KI-Entwicklung zu unterschätzen. Es kann uns nicht nur darum gehen, lediglich die ethischen Konsequenzen eines unbändigen Fortschrittsglaubens zu bedenken (obwohl dies natürlich auch unerlässlich ist); hier geht es vor allem um ein bestimmtes Menschenbild, eine Zukunftsvision, eine Gemeinschafts- und Gesellschaftsform, die uns jeweils unbedingt betreffen.

Oder anders ausgedrückt: Religiös-theologisch gesehen müssen wir uns fragen, worin der überzeugende Mehrwert der Religion besteht.

Die Selbsttransformation

Der Transhumanismus bleibt am Menschen haften, um ihn technologisch, eben künstlich zu transformieren. Der technisch aufgerüstete Mensch ist das Subjekt der Transzendenz, der Evolution und Entwicklung. Humanitärer Fortschritt zeigt sich als feste Verbindung zwischen Naturwissenschaft und Technik, so dass es nicht um das *Humanum*, sondern um den Fortschritt selbst geht.

Doch dieses Halten am Menschen ist provisorisch, weil der Mensch, der transhumanistisch aufgerüstet ist, als eine Art Zwischenwesen, Übergangswesen verstanden wird. Der Transhumane begreift sich im Modus des Noch-nicht – unterwegs zum Posthumanen. So wird deutlich, warum im Transhumanismus die Idee so tief verankert ist, dass der Mensch ein provisorisches Wesen ist, ein Übergang, der zugleich als Untergang gedacht werden kann. Radikal ist der Gedanke deshalb, weil er den Menschen nicht einfach abschreibt, sondern ihn zu einem transformierten Menschen verändern will. Der Mensch erscheint hier also als ein defizitäres und in seinem Defizit als ein unerwünschtes Wesen, das aufgerüstet werden soll, um erst dann seinen vollen Wert zu erhalten. Als Mensch, d. h. als diese leiblich-seelische Einheit, als ein sterbliches und fragiles Wesen, das er ist, lebt er unter seinem Wert, unterhalb seiner höchsten Würde, die er, so der Transhumanismus, nur erahnen kann, aber noch nicht besitzt.

Die religiöse Sicht lässt sich als Gegenentwurf verstehen. Sie erkennt die Unvollkommenheit und Begrenztheit des Menschen an, doch wertet sie diese nicht ab. Vielmehr sieht sie in der menschlichen Endlichkeit und Verletzlichkeit eine wesentliche Bestimmung des Menschseins, die ihn erst offen für Transzendenz und göttliche Zuwendung macht. In religiöser Hinsicht lässt sich sagen, dass, wer den Tod abschaffen will, vor allem eine Grenzerfahrung menschlicher Existenz und Ethik abschafft.

Die religiöse Perspektive behauptet, dass der Mensch gerade in seiner Schwäche und Begrenztheit einzigartig und wertvoll ist. Er ist kein Übergang zu etwas Höherem, sondern ein Wesen, das in seiner Unvollkommenheit von Gott angenommen und geliebt wird. Diese Sichtweise fordert nicht die Überwindung des Menschseins, sondern die Anerkennung und Würdigung des Menschen in seiner jetzigen Form. Der Mensch ist religiös gesehen kein defizitäres Zwischenwesen, sondern trägt bereits jetzt in seiner Unvollkommenheit eine unverlierbare Würde, die ihm durch die göttliche Schöpfung und Zuwendung verliehen ist.

Dieser fundamentale Unterschied im Menschenbild zeigt sich besonders deutlich in den jeweiligen Ansätzen zur Bewältigung menschlicher Begrenztheit. Der Transhumanismus sieht in der Technologie das Mittel zur Überwindung menschlicher Mängel und zur Erreichung einer neuen, höheren Daseinsform. Religiös hingegen wird die Bedeutung der Annahme und Integration dieser Begrenztheiten in das eigene Leben betont und kultiviert, als Teil eines tieferen spirituellen Wachstums und Verständnisses.

Der Transhumanismus verfolgt die Vision, dass der Mensch dazu berufen sei, eine höhere Bestimmung seines Selbst zu erlangen. Die menschliche Spezies könne, wenn sie wolle, so der Biologe und Philosoph Julian Huxley (1887–1975),

> sich selbst transzendieren – nicht nur sporadisch, ein Individuum hier auf die eine Weise, ein anderes dort auf eine andere Weise, sondern in ihrer Gesamtheit, als Menschheit. Wir brauchen einen Namen für diesen neuen Glauben. Vielleicht wird *Transhumanismus* genügen: der Mensch bleibt Mensch, aber er transzendiert sich selbst, indem er neue Möglichkeiten seiner und für seine menschliche Natur verwirklicht.[5]

Insofern ist der Transhumanismus ein Humanismus – mit einem dunklen Rest. Der traditionelle Humanismus postuliert, dass der Mensch durch seine Lernfähigkeit sowie durch Bildung und Erziehung in der Lage ist, sich trotz seiner Bedingtheit an Idealen zu orientieren und insbesondere seinen Charakter zu veredeln.

Im Gegensatz dazu argumentiert der Transhumanismus, dass der Mensch erkennen muss, dass sein Streben nicht nur darauf beschränkt sein sollte, seine Ideale zu erreichen, sondern dass er sich aktiv gegen seine Bedingtheit zur Wehr setzen muss. Damit wird das humanistische Paradigma durch den Transhumanismus letztlich in sein Gegenteil verkehrt, indem er darauf abzielt, die *conditio humana* selbst, unterstützt durch Technologie, zu transzendieren.

Generell strebt der Transhumanismus nach einer tiefgreifenden Umwandlung der menschlichen Existenz, indem er der traditionellen Vorstellung der *conditio humana*, der grundlegenden Bedingtheit des Menschen, entgegenwirkt. Aus transhumanistischer Perspektive soll die Technologie nicht nur dazu dienen, menschliche Fähigkeiten zu verbessern, sondern auch die Grenzen der menschlichen Existenz zu überschreiten. Julian Huxley wird gestehen:

> ›Ich glaube an den Transhumanismus‹: Sobald es genug Menschen gibt, die dies wahrhaftig sagen können, wird die menschliche Spezies an der Schwelle zu einer neuen Art der Existenz stehen, die so unterschieden ist von unserer wie unsere von der des Peking-Menschen. Endlich wird sie bewusst ihr wahres Schicksal erfüllen.[6]

Die Vorstellung, dass Menschen durch Verwirklichung neuer Möglichkeiten ihre menschliche Natur überwinden können, wurde in den Werken von Abraham Harold Maslow (1908–1970), Robert Ettinger (1918–2011) und dem iranisch-amerikanischen Futuristen Fereidoun M. Esfandiary (1930–2000) weiterentwickelt und ist bis in die Gegenwart eine zentrale Idee des Transhumanismus geblieben, die kontinuierlich diskutiert und vorangetrieben wird.[7]

Der Glaube an den Transhumanismus ist zugleich der Glaube an den *neuen* Menschen. Denn der alte, der jetzige Mensch hat existenzielle Grenzen, die unaufhebbar Leid, Alterung und letztlich Tod mit sich bringen. Der Transhumanismus sieht deshalb nicht nur die begrenzte Intelligenz des Menschen, sondern insbesondere den menschlichen Körper als ein großes Hindernis auf dem Weg zum *neuen* Menschen. Die körperliche Begrenztheit, die im Dualismus von Körper und Seele gründet, wie ihn etwa der Philosoph René Descartes (1596–1650) behauptete und der unsere westliche Welt so grundlegend prägt, soll durch die Integration von Technologie in den menschlichen Organismus überwunden werden. Der Transhumanismus verfolgt die kühne Vision, die Fähigkeiten des Menschen durch verschiedene Steigerungsformen, durch *Enhancements* mittels technischer Aufrüstungen, zu erweitern.

Wir haben es hier nicht mit Träumereien der Science-Fiction zu tun, sondern mit einem differenzierten, spezifischen Verständnis der menschlichen Natur, die auf ihre Defizite hin verstanden und mit Hilfe der KI-Technologien und anderer technologischer Fortschritte überwunden werden soll. Diese Vision des Transhumanismus ist mehr als nur der Wunsch nach einer besseren Version des Menschen; sie ist ein Glaube an die Möglichkeit einer fundamentalen Transformation der menschlichen Existenz. Der Transhumanismus strebt danach, die menschliche Natur zu überwinden und den Menschen zu einem neuen Wesen zu machen, das frei von den Einschränkungen des Alterungsprozesses, der Krankheiten und des Todes ist. Es ist ein Glaube an den Aufstieg des Menschen zu einem höheren Seinszustand, der durch die Vereinigung von Mensch und Technologie erreicht werden kann.

All diese verschiedenen Formen des Enhancements fügen sich zu einer umfassenden Vision von menschlicher Erweiterung zusammen. Der Transhumanismus strebt eine tiefgreifende Transformation der menschlichen Existenz an, die über die natürlichen Grenzen hinausgeht und neue Möglichkeiten der Selbstverwirklichung und des Wohlstands eröffnen soll. Nach dem hiesigen Leben, wiederbelebt im Jenseits, transformiert zu sein, ist selbst ein klassisches Motiv der Religionen. Darauf weist auch Bostrom hin, wenn er ausführt, dass den religiösen Menschen die Idee eines transformierten Menschen, eines Posthumanen nicht fremd ist.[8]

In dieser Vision wird der Mensch nicht nur zum Gott seines Schicksals, sondern auch zum Gestalter einer neuen, erweiterten Kreation seines Seins. Hier wird nicht etwas partiell Menschliches zum Verhängnis für den Menschen, sondern der Mensch selbst wird sich selbst zu diesem Verhängnis. Die Einsicht in diese Natur des Menschen wird als Offenbarung verstanden, die begründet, warum wir uns überwinden müssen.

Es geht also nicht nur um die Bekämpfung von Krankheiten und Handicaps, um die Auslöschung von Mängeln und Behinderungen, sondern um die Vision der Optimierung und Erschaffung einer neuen Kreatur, eines Cyborgs, Mischwesens oder Hybridwesens aus Mensch und Maschine.

Wenn aber der biologische Organismus, die natürlichen Lebensbedingungen des Menschen, seine geistig-leibliche

Einheit, sukzessive durch KI-Technologie ersetzt wird, dann ist der Mensch überhaupt, in seinem Selbstverhältnis, in seinem Verhältnis zu seiner Mitwelt und in seinem Verhältnis zu seiner natürlichen und kulturellen Umwelt, ein anderer Mensch. Der Mensch als Cyborg, der auf Prozesse der Informationsverarbeitung reduziert sein wird, ›lebt‹ immer unabhängiger und losgelöster von seiner leiblichen Selbsterfahrung, die es so oder so ganz abzuschaffen gilt. Diese Visionen zeigen, dass es hier nicht um den Menschen geht, sondern um seine Hybris, ein omnipotentes Wesen zu werden.

5 Über den Menschen hinaus

Das Streben nach der Überwindung des Menschen

»Keine Nostalgie für ›den Menschen‹!«

Der Mensch ist nicht die Krone der Schöpfung, doch er ist das Wesen, dem die Krönung der Schöpfung obliegt. So könnte man theologisch die Visionen umreißen, auf der die Technologie der KI beruhen. Schnell wird deutlich, dass es sich hierbei nicht um einen Automaten, Roboter, Schachcomputer oder eine Suchmaschine handelt, sondern dezidiert um eine Disposition zum eigentlichen Menschsein. Es geht um menschliches Leben, menschliche Gesellschaft, Politik, Bildung, Ethik, Beziehungen und nicht zuletzt um Transzendenzerfahrung. Insofern trifft KI den tiefsten Nerv der Religion, indem sie sich in unterschiedlicher Hinsicht auf die menschliche Natur bezieht.

Eine der am weitesten ausgearbeiteten Positionen stellt in diesem Zusammenhang der Posthumanismus dar. Der Posthumanismus lässt sich als Versuch verstehen, den Menschen zu überwinden. Nick Bostrom, einer der führenden Transhumanisten, meint pointiert, dass die Zielsetzung des Menschen, vieler Menschen, so die übliche Rhetorik, darin bestehe, zu einem Posthumanen zu werden. Der Titel seines viel beachteten Aufsatzes, »Why I Want to Be a Posthuman When I Grow Up«, bringt es auf den Punkt.[1] Dabei geht es nicht um die akute Vernichtung des Menschseins wie etwa bei der Arbeit an einer tödlichen Virusvariante, die alles Menschliche zersetzen soll. Vielmehr geht es um eine dezidierte Überwindung dieses Wesens und seiner Gattung und der mit ihm verbundenen Vorstellungen. Der Mensch ist ein Wesen, das in seinem Sein und oder seinem Wesen überwunden werden soll. Während es im Transhumanismus um die Überwindung des menschlichen Seins geht, wird im Posthumanismus die Überwindung des menschlichen Wesens als solchem erstrebt.

Dabei lassen sich zwei Formen der menschlichen Transzendenz erkennen, nämlich zum einen posthumanistisch eine absolute Transzendenz als eine negative Geste weg vom Menschen und zum anderen transhumanistisch eine immanente Transzendenz als eine positive Geste hin zum Menschen.

Die Überwindung des Menschen im posthumanistischen Ansatz strebt also nicht nach seiner Eliminierung, sondern nach einer Neuausrichtung auf ein Wesen, das über den Menschen hinausgeht oder jenseits seiner Existenz liegt. Daraus folgt, dass die Geste der Überwindung des Menschen als ein fundamentaler Eingriff in die menschliche Realität verstanden werden kann, der vor allem drei essenzielle Ebenen der menschlichen Natur umschließt:

1. Die erste Ebene betrifft die Leiblichkeit des Menschen, also zahlreiche Begrenzungen durch die physische Konstitution: Müdigkeit, begrenzte Reichweite, eingeschränkte Leistungsfähigkeit, Trägheit, Lustlosigkeit, hormonelle Unbeständigkeit und die generelle Schwäche der Erfahrungsqualität und -quantität im Vergleich zu anderen Lebewesen.
2. Auf der zweiten Ebene steht die Intelligenz des Menschen im Fokus der Kritik. Menschliche Intelligenz wird keineswegs optimal und erst recht nicht kontinuierlich

und beständig eingesetzt. Außerdem ist sie fehleranfällig und der Mensch in seinem intellektuellen Wirken nicht unfehlbar.

3. Die dritte Ebene betrifft die Endlichkeit des menschlichen Lebens. Hier wird die Begrenztheit des irdischen Daseins als eine heilbare Krankheit verstanden. Die Endlichkeit des Lebens soll mit Hilfe künftiger Technologien überwunden werden.

Das Ende des Menschen läutet somit den Anfang einer über den Menschen hinausgehenden Kreatur ein, die den Menschen hinter sich lässt. Diese Kreatur wird dabei, so der Robotikforscher Hans Moravec (*1948), der zu den Pionieren des Posthumanismus zählt, als ein posthumaner Nachkomme des Humanen verstanden. Uns erwarte, so Moravec, »nicht das Vergessen, sondern eine Zukunft, die man aus heutiger Sicht am ehesten als ›postbiologisch‹ oder auch ›übernatürlich‹ bezeichnen kann«. In der zukünftigen Welt werde »die menschliche Art von einer Flutwelle kultureller Veränderungen fortgerissen und von der eigenen künstlichen Nachkommenschaft verdrängt werden«, doch:

> im Laufe des nächsten Jahrhunderts werden sie zu Gebilden heranreifen, die ebenso komplex sind wie wir selbst, um schließlich über uns und alles, was wir kennen, hinauszuwachsen, so daß wir eines Tages stolz sein dürfen, wenn sie sich als unsere Nachkommen bezeichnen.[2]

Der Mensch wird dabei gerne mit einem Kind verglichen, das sich gegenwärtig noch gar nicht vorstellen kann, was es eigentlich heißt, erwachsen zu sein, das aber auch nicht Kind bleiben möchte. Es will dem Kindsein (also: Menschsein) entwachsen. Und wir wüssten doch, dass Erwachsensein, wie unvorstellbar es auch für uns als Kind war, mit weiterentwickelten Fähigkeiten und Wahrnehmungen sowie Erfahrungen verbunden ist, die wir im Rückblick nicht missen wollen. Es wäre also absurd, nicht erwachsen werden zu wollen.

Doch ist der Vergleich gut? Bedeutet Erwachsensein nicht vor allem, das Kind in sich zu bewahren und sich lebenslang auch mit seiner Kindheit zu befassen?

Moravec argumentiert, dass der Mensch seine niedrige Stellung im Kosmos überwinden wird, indem er nicht Menschen zeugt, sondern künstliche Nachkommen schafft – eine posthumane KI, die ihn ersetzen soll.

Diese Position ist einerseits antinatalistisch: Die bewusste Entscheidung gegen menschliche Fortpflanzung wird aus dem Grunde zum zentralen Motiv, weil letztlich der Mensch keinen Menschen mehr zeugen soll. Diese Haltung stellt nicht nur einen Ausdruck der Skepsis gegenüber der menschlichen Existenz dar, sondern ist auch eine Absage an die herkömmliche Vorstellung von Kontinuität und Tradition.

Andererseits ist die Position aber auch in gewissem Sinne natalistisch, jedoch in einer transzendierenden Weise: Der Mensch soll letztlich selbst das Wesen zeugen, das ihn überwindet. Die Zukunft wird als eine Ära verstanden, in der der Übermensch das menschliche Erbe antreten und weiterentwickeln wird.

Diese Vision stellt so oder so die traditionellen Begriffe von Menschsein und Evolution auf den Kopf und fordert ein radikales Umdenken in Bezug auf Identität und Bestimmung des Menschen: ein Gedankengang, der sowohl faszinierend als auch erschreckend ist, da er die Grenzen dessen, was wir als Menschsein verstehen, in Frage stellt, und zugleich das Potenzial für eine neue, unvorstellbare Form von Existenz eröffnet.

Wie sieht es aus mit der Hoffnung, dass Gott das ungelebte Leben, das Nichtgesagte, das Nichtgelebte vollenden wird? Und wie unterscheidet sich dieser Trost von dem Versprechen des Posthumanismus, dass die technologisch unterstützte Überwindung unserer existenziellen Begrenzungen und Leiden zu einem besseren, posthumanen Dasein führen wird? Können wir hier tatsächlich einen klaren Unterschied machen? Verhält sich der Posthumanismus nicht ähnlich wie die Religion, indem er eine Art Erlösung durch Transformation anbietet? Ist die Vorstellung, dass durch ›Mind Uploading‹, digitale Unsterblichkeit oder die Verschmelzung mit einer Superintelligenz alles Unerfüllte und Schmerzliche überwunden wird, nicht auch eine Form der eschatologischen Verheißung? Und wenn dies so ist, inwiefern spiegeln sich in diesen posthumanistischen Ideen nicht dieselben Hoffnungen und Sehnsüchte wider, die Menschen seit jeher in religiöse Vorstellungen projizieren? Wie unterscheiden sich also die Versprechen einer technologisch erweiterten Zukunft wirklich von den traditionellen religiösen Versprechungen des Jenseits, sei es nun in einem himmlischen Paradies oder einer digital erweiterten Existenz?

Und letztlich muss man sich fragen, ob der Mensch, der sich selbst überwinden will, nicht immer noch derselbe Mensch bleibt, der nach Sinn und Erfüllung sucht, sei es nun durch göttliche oder technologische Mittel. Ist es nicht immer derselbe Mensch, der nach dem ungeküssten Kuss, dem ungeschriebenen Gedicht sucht, der von der Vollendung seiner unvollkommenen Gesten, der Erlösung seiner unerfüllten Sehnsüchte, der Heilung seiner unausgesprochenen Schmerzen träumt? In der Tiefe dieser Sehnsüchte spiegelt sich der unermüdliche Wunsch nach einer Welt, in der das ungesagte Wort, das ungeliebte Herz endlich seinen Platz finden – als ein unermüdlicher Drang nach dem Kommenden.

Der Posthumanismus ist ebenso wie die Religion auf das Kommende, das Überwundene fixiert, bietet jedoch eine andere Art von Trost, einen Trost, der nicht auf metaphysischen Versprechen, sondern auf der Vorstellung einer radikalen Veränderung unserer selbst und unserer Welt beruht. Er verheißt eine technologisch unterstützte Überwindung unserer existenziellen Begrenzungen und Leiden. Diese neue Form des Trostes verspricht – wie wir es von der Religion gewohnt sind – nicht nur ein besseres Leben, sondern ein gänzlich neues Sein. Der Unterschied zu religiösen Vorstellungen scheint darin zu bestehen, dass in religiöser Hinsicht Trauer, Verfehlung, Schuld, Verlust, Sterben etc. nicht als rein negativ, unbrauchbar und zu vermeidende Gegebenheiten zu verstehen sind; sie sind vielmehr existenzielle Erfahrungen, Grenzerfahrungen des Menschen und menschlicher Gemeinschaft, an denen sie selbst wachsen, lernen, erkennen, ethisch und spirituell reifen.

Die Vision eines neuen Seins, frei von den Belastungen der gegenwärtigen menschlichen Existenz, mag auf den ersten Blick verlockend erscheinen, doch sie birgt in sich auch die Gefahr, die Tiefe und Bedeutung unserer existenziellen Erfahrungen, den Reiz, ja die Schönheit, ein Mensch zu sein, zu verlieren.

Der Posthumanismus kann nicht pauschal als eine in sich geschlossene, homogene Theorie verstanden werden. Es gibt unterschiedliche Differenzierungen innerhalb dieser Denktradition. Dabei lassen sich prinzipiell zwei Richtungen voneinander unterscheiden: Zum einen geht es um den positiven Posthumanismus, bei dem es um die Überwindung des Menschen für eine Zukunft geht, in der kraft der KI eine weitaus tauglichere Kreatur existieren wird, die das Fehlen des Menschen nicht problematisieren wird oder, um es mit den Worten der Posthumanistin Rosi Braidotti (*1954) auszudrücken, »keine Nostalgie für ›den Menschen‹«[3] zulässt. Zum anderen geht es um einen negativen Posthumanismus, der die Überwindung eines Menschenbilds anstrebt, das nicht mehr bestehen darf.

Gemeinsam ist beiden die Geste der Überwindung des Menschen und die Vorstellung von der Entstehung einer Gattung, die nicht mehr Mensch genannt werden kann bzw. soll. Ferner ist die Vorstellung für beide Positionen tragend, dass der Mensch eine Übergangskreatur darstellt, ein Transit (»transitional«, wie das der Philosoph und Transhumanist Fereidoun M. Esfandiary nennt[4]) für ein besseres Wesen.

Sie unterscheiden sich jedoch voneinander in ihrer Haltung, so dass der positive Posthumanismus auf »zukünftig Kommendes«[5] (so Thomas Blounts) hin orientiert ist, während der negative Posthumanismus als eine Art Emanzipationsprozess von einem Vergangenen (anthropozentrisch-humanistische Auffassung des Menschen) bestimmt werden kann. So oder so ist das Ende des Menschen anvisiert.

Die Gründe dafür, warum überhaupt das Humane und die Humanitas, das Menschsein, für ein wie auch immer geartetes Nachwesen zurückweichen soll, sind vielfältig, aber leicht zu fassen.

Insbesondere der technologische Posthumanismus, der an dieser Stelle von Interesse ist, bezieht sich auf drei Begrenzungen menschlicher Natur, die wir bereits auch im Transhumanismus hervorgehoben haben: Dazu gehören die Leiblichkeit, die die Begrenztheit des Körpers einschließt, die Endlichkeit, die die Begrenztheit der Lebensdauer bedeutet, sowie schließlich der Verstand, der die Begrenztheit der Intelligenz mit sich bringt.

Diese drei Begrenztheiten haben sowohl biologische als auch soziokulturelle Bedeutung. Nicht der Körper, nicht der Tod, nicht die kognitive Begrenztheit, sondern *der Mensch*, der an diese Begrenztheiten gebunden ist, soll überwunden werden. Dieser Posthumanismus, der als technischer oder *technologischer Posthumanismus* begriffen wird, zielt auf einen Nach-Menschen ab, der durch die KI kreiert wird.

In einer Episode der britischen Serie *Black Mirror* mit dem Titel »Be Right Back«[6] geht es um ein Paar, Martha und Ash, das gemeinsam auf dem Land lebt. Ash stirbt, und Martha bekommt das Angebot, eine menschenähnliche Simulation von Ash zu erhalten, die auf digitalen Daten basiert, die Ash in Chatverläufen, Social-Media-Posts oder aufgenommenen Gesprächen hinterlassen hat. Die Frage ist, wer wirklich existiert und wer gestorben ist, was die Beziehung zwischen Martha und dem neuen Ash bedeutet und was es heißt, ein sterblicher Mensch zu sein.

Unsterblichkeit des Menschen lässt sich letztlich als totale Kontrolle über das menschliche Leben und Verfügbarkeit des menschlichen Lebens verstehen. Kontrolliert werden soll, indem Immortalität errungen wird, der offene Prozess des Werdens, der Zeit und der menschlichen Natur, die nicht zuletzt leiblich verfasst, also vor allem biologisch bestimmt ist.

Und selbst dann, wenn die Unsterblichkeitsidee eher kritisch betrachtet wird, so allein deshalb, weil es für unwahrscheinlich erachtet wird, dass das Universum ewig besteht, ohne durch einen Kältetod oder eine Kontraktion der gesamten Masse ein Ende zu finden. Die kritische Haltung zeigt bloß äußerliche Zurückhaltung, die der inneren Haltung, unsterblich sein zu wollen, nicht widerspricht – vor allem deshalb nicht, weil eine unbegrenzte Verlängerung des (gesunden) Lebens als Maßstab und Movens des Fortschritts verstanden wird.

Da das digitale Bewusstsein nicht den Begrenzungen des biologischen Lebens unterliegt, könnte es theoretisch für unbegrenzte Zeit fortbestehen. Zudem glaubt der technologische Posthumanismus an die Perfektibilität der Intelligenz. Er hat eine klare Vision, die an den Advent, an die, so wörtlich, Ankunft einer KI, einer künstlichen Superintelligenz glaubt. Diese Intelligenz kann sich selbst automatisch und unabhängig von Menschen weiterentwickeln. Der Prozess der Entmenschlichung soll sodann zu einem Zeitpunkt Vollendung finden, der als »Omegapunkt« oder »Singularität« bezeichnet wird. Singularität ist der Zeitpunkt, in dem der Mensch durch eine künstliche Superintelligenz ersetzt werden wird, weil diese KI so weit fortgeschritten sein wird, dass sie sich selbst reguliert und weiterentwickelt.

Es geht also letztlich um die radikale Überwindung der Vorstellung, die mit einem humanistischen Menschenbild zusammenhängt. Das Posthumane ist kein Mensch im Sinne einer Vorstellung, die sich die Menschen von sich selbst gemacht haben. In der Vision des kritischen Posthumanismus versteht sich die Überwindung des Menschen vielmehr als eine umfassende Kritik und Aufhebung des *Humanum*.

Der Posthumanismus reflektiert religiöse Narrative in zweierlei Weise:

Zunächst geht der nihilistisch-theologische Posthumanismus davon aus, dass das *Humanum* keinen Eigenwert besitzt und der Mensch jederzeit geopfert werden kann, weil er es immer wert sei, zugrunde zu gehen, um einen göttlichen Willen zu erfüllen, der nicht den Menschen, sondern sich selbst will. Für diese Vision eines nihilistisch-theologischen Posthumanismus, dass alles, was entsteht, es wert sei, dass es zugrunde geht, stellt der Mensch ein Übergangsstadium, ein Transit dar, um einen höheren, göttlichen Plan zu realisieren.

Dieser Wille aber wird als unbedingt und nicht hinterfragbar begriffen, weil er insbesondere das menschliche Opfer fordert. Hier geht es nicht um das Humane, um dessentwillen es die Religion gibt, sondern der Mensch dient der Religion. Und der höchste Dienst besteht darin, sich selbst zu überwinden (man könnte auf den Gedanken kommen: wie ein religiös motivierter Selbstmordattentäter). Hier geht es aber auch nicht um Gott, sondern um eine Vorstellung von Gott, der alles und vor allem den Menschen zu seinem Objekt heruntergestuft hat. Die Erwartung des Menschen besteht darin, dass er überwunden werde.

Dann lässt sich ein monistisch-theologischer Posthumanismus erkennen, der theologische Konzepte mobilisiert, welche auf eine posthumane Vorstellung des Menschen zielen und dabei eine Familienähnlichkeit zum technologischen Posthumanismus aufweisen. Die eigentliche Zielsetzung des Menschen über das irdische Leben hinaus bestehe in seiner Verwirklichung und Vervollkommnung, die aber nicht im Diesseits, sondern in einem transzendierenden und transformierenden Prozess erwartet wird. Diese religiöse Idee passt zu Versprechen des technologischen Posthumanismus, den Menschen zu vervollkommnen, hier jedoch durch KI-basierte technologische Mittel.

Doch die Vervollkommnung des Menschen wird im Posthumanismus jenseits des Menschen erwartet. Diese Tendenz zeigt sich in mehreren Aspekten, die jeweils auf einem bestimmten Verständnis der Überwindung menschlicher Natur beruhen: nichtleibliche Auferstehung (Mind Uploading), Entwerden in Gott (Verschmelzung in einer digitalen Superintelligenz), Seelenwanderung (Transmigration von Bewusstsein), ewiges Leben (digitale Unsterblichkeit), Teil himmlischer Gemeinschaft (virtuelle Realität und soziale Vernetzung) und die raum- und zeitunabhängige Allgegenwart (Omnipräsenz in digitalen Netzwerken).

Diese religiösen Vorstellungen besagen letztlich, dass die höchste Realität, die der Mensch erreichen kann, posthuman ist und somit jenseits des herkömmlichen Menschseins liegt. Somit zeigen diese beiden Tendenzen sowohl, dass der Posthumanismus religiöse Narrative aufnimmt, als auch, dass die Religionen posthumanistische Tendenzen aufweisen.

Beide Perspektiven zeigen, dass bei aller Kritik der Posthumanismus nicht pauschal als Gegensatz zur Religion abgetan werden kann. Vielmehr zeigt sich, dass religiöse Vorstellungen selbst posthumanistische Tendenzen aufweisen, die auf eine tiefgreifende Transformation des Menschseins abzielen. Insofern können KI-Entwicklung und -Visionen auch als Herausforderung und subtile Kritik der religionstheologischen Vorstellungen gelesen werden.

6 Warum Gott nicht genügt

Gottfetisch und andere Begierden

Der unübertreffliche Gott

Der Glaube an Gott hat seinen Preis. Er besteht darin, dass nicht nur an seine Existenz geglaubt wird, sondern auch daran, dass wir in seiner ›Hand‹ sind. Was diese ›Hand‹ mit uns macht, liegt nicht in unserer Verfügungsgewalt. Dieser Gott kann uns gut oder in die Irre leiten, kann unser Glück oder unser Verderben sein. Diese absolute Unruhe, die der Glaube an Gott mit sich bringt, gehört zu einer bestimmten theologischen Position, die auf der Unverfügbarkeit göttlichen Willens besteht. Theologisch gesehen kann man davon ausgehen, dass sich dieser unverfügbare Gott zur Treue (Judentum), Liebe (Christentum) oder Barmherzigkeit (Islam) verpflichtet hat und er uns Menschen mit seinem Wort an diese Bindung erinnert. Dennoch bleibt uns Gott – selbst in seiner Liebe – unverfügbar, eine Reaktion von ihm nicht abrufbar und nicht für unsere Wünsche funktional formbar. Die Gläubigen leben somit in einer Hingabe zu Gott, der sich als Gott ihrer Verfügungsgewalt aber entzieht.

Doch diese Gotthingebung bedeutet zudem, dass wir uns als Menschen von Gott her begreifen, dass wir uns also als geschaffene Wesen annehmen – erschaffen von einem Gott, der uns in jeder Hinsicht überlegen ist, der uns in allem übertrifft, und zwar so sehr, dass seine erhabene und unübertreffliche Mächtigkeit unvergleichlich ist. Wir können nicht einmal ermessen, wie sehr und inwieweit er uns in allem überragt. Dieser Gott ist und bleibt demnach unverständlich und nicht erreichbar. Wir können uns weder Gott als Gott vorstellen, noch können wir nachvollziehen, wie eine göttliche Intelligenz funktioniert. Der Glaube besteht wesentlich darin, dass wir annehmen, Gott sei genau dieser Gott, der uns in unendlichem Unterschied zu sich selbst ins Dasein gerufen hat.

Diese unsere Existenz wiederum ist nicht von unendlicher Dauer. Wir sind als geschaffene Wesen dem Tode geweiht. Der Philosoph Georg Wilhelm Friedrich Hegel führt aus, ein Mensch könne »totgeschlagen werden, dieses Äußerliche ist aber zufällig; das Wahrhafte ist, daß der Mensch durch sich selbst stirbt«[1]. Dieser »angeborene *Keim des Todes*«[2], so Hegel, haftet dem Menschsein an.

Doch lässt Gott den Menschen nicht bloß leben und sterben, sondern kann ihn erneut zum Leben erwecken, indem der Ewige selbst die Vergänglichkeit vergehen lässt. Dieses Jenseits lässt aber *per definitionem* keine verstandesgemäße Teilhabe zu. Es übersteigt unsere Intelligenz. Der muslimische Theologe Abū Ḥāmid al-Ġazālī (um 1055–1111) führt entsprechend aus:

> Wir sprechen jetzt vom Diesseits aus über das Jenseits, wir sprechen also jetzt im Diesseits, der Erdenwelt, haben aber die Erklärung des Jenseits, der Wesenswelt im Auge. Doch es ist undenkbar, dass man die Wesenswelt in der Erdenwelt anders erklären könnte als durch Gleichnisse.[3]

Gott wird auch entsprechend dieser theologischen Annahme zu einer Intelligenz, die uns in unserer Intelligenz überragt – und zwar prinzipiell. Wir verfügen nicht nur nicht über das Jenseits und das Jenseitige, sondern im Kern auch nicht über uns selbst, insofern wir annehmen, jenseits vom Diesseits in ein Jenseits überführt zu werden. Dieses Jenseits entzieht sich unserer Vorstellungskraft, unserer Intelligenz und somit unserer Kontrolle. Wir können weder dort eingreifen noch uns diesem Jenseits entziehen. Und selbst dann, wenn wir annehmen, dass unsere Lebensführung hier unsere Seinsweise im Jenseits bestimmen würde, kann weder ein Heilautomatismus noch eine Gewissheit angenommen werden, dass wir nicht im Paradies bestraft und in der Hölle belohnt werden können – zumindest prinzipiell gesehen. Dass dies dem verbindlichen Wort Gottes widerspricht, dass wir uns auf ihn, auf seine Liebe, Barmherzigkeit, Treue und Gerechtigkeit verlassen können, liegt auf der Hand. Worin aber seine Liebe, seine Barmherzigkeit, seine Treue und Gerechtigkeit genau besteht, können wir nicht sagen.

Die Superintelligenz

Der Übergang des Menschen vom Diesseits ins Jenseits ist mit einer apokalyptischen Idee verknüpft, entsprechend der nichts mehr sein wird, wie es einmal war. Der Mensch wird im Jenseits dem Urteil und der Macht Gottes ausgesetzt sein. Der Mensch findet wieder zu Gott, woher er auch entstammt.

In einer digitalisierten Sprache ließe sich das so formulieren: Gott schreibt als eine Art Superprogramm den Menschen als ein Programm, das je nach Möglichkeiten und Fähigkeiten seine Potenziale ausschöpft. Fünf Punkte sind dabei von Interesse:

1. Der Mensch kann dieses Programm, das er selbst ist, nicht rückgängig machen (dazu steht ihm keine Vorschrift, keine ihm erschlossene Anweisung, kein Programm zur Verfügung). Er kann also weder die Reset-Taste drücken, um neu anzufangen (Umkehr/Reue), noch sich vollständig davon zurückziehen, ein Mensch zu sein.
2. Er kann das Programm nicht austauschen (Einmaligkeit).
3. Er darf nicht selbst sein Programm löschen (Verbot der Selbsttötung).
4. Er selbst darf keine anderen neuen Programme schreiben (Intelligenz).
5. Er kann das Superprogramm, das ihn geschrieben hat, nicht erreichen, nicht modifizieren, nicht kontrollieren, nicht erfassen und nicht überbieten (Begrenztheit).

Anders ausgedrückt: Gott als dieses Superprogramm schreibt Programme, die zwar Eigendynamik gewinnen können (Freiheit), aber als Unterprogramme immer auf das Superprogramm bezogen bleiben (Transzendenz), das die Programme geschrieben hat und auch zu einem bestimmten Zweck geschrieben hat (Sinnerfüllung). Die religiöse Idee eines Jenseits will die Idee kultivieren, dass der Mensch als Programm transformiert wird, dass er auf das Programm jetzt nicht zugreifen kann – das Programm wirkt wie eine Art kodifizierter Subtext.

Die fundamentale Idee des Transhumanismus kehrt dieses theologische Narrativ um, stellt es von den Füßen auf den Kopf. Der Mensch stellt ein gewöhnliches Programm dar, das ausschließlich gemäß seiner Natur und seinem Umfeld auf Vorschriften basiert, mit denen er sein Leben bewältigt und seine Probleme löst (in einer bestimmten Zeit also intelligent ist). Er sieht sich mit einer Vielzahl an Begrenztheiten konfrontiert, die allesamt rein negativ zu bewerten sind.

Als dieses Programm kann der Mensch nun ein Programm schreiben, das selbst eigenständig und selbstbezüglich, also autopoetisch Programme schreibt, die der Mensch selbst nicht hätte schreiben können. Der Mensch erschafft also etwas, das ihn in dem Bereich, in dem er Schöpfungskraft initiiert, übertrifft. Seine Intelligenz überschreitet ihre eigene Grenze, transzendiert sie zu einer Superintelligenz. Die ausschlaggebende Eigenschaft dieser Superintelligenz besteht insbesondere darin, dass sie für den Menschen unverfügbar wird. Auch hier lässt sich nicht angeben, wie es sein wird, ein Posthumaner zu sein – eine Tatsache, die auch die Transhumanisten hervorheben.

Dieser Augenblick der Genese dieser Superintelligenz, dieses Superprogramms, die *Singularität*, lässt sich als der Transzendenzpunkt der Geschichte verstehen, der alles Vorherige, alles Diesseitige verändern wird. Und der Mensch als Mensch wäre transzendiert, transformiert. Er hat dann seine Endlichkeit überwunden. Und das wäre die Geburtsstunde von einem Gott 2.0.

Der Übergang vom Diesseits ins Jenseits mit einer apokalyptischen Vorstellung lässt sich mit transhumanistischen Visionen zusammenführen, die durch Technologien von einer radikalen Veränderung in der menschlichen Existenz und der Weltordnung ausgehen, die wie gesagt als

Singularität bezeichnet wird. Der Übergang vom Diesseits ins Jenseits wird dabei durch technologische Entwicklungen bestimmt. Diese Superintelligenz wird die menschliche Intelligenz übertreffen, so dass der antiquierte Mensch diese Intelligenz nicht mehr verstehen, geschweige denn dann noch aufhalten kann. Jeder Ausgriff auf diese Wirklichkeit wird vergebens sein, weil sie sich unvorhersehbar und unverfügbar weiterschreiben bzw. entwickeln wird, so dass sie außerhalb, eben jenseits der menschlichen Kontrolle liegt.

Zudem geht der Transhumanismus von einer Form der Existenz jenseits der gegenwärtigen menschlichen Realität aus, die durch eine Verschmelzung mit KI oder die Erreichung einer postbiologischen Existenz entstehen wird. Dieser Ansatz geht daher von einer gottgewordenen Maschine aus, die wir selbst, wenn auch mit einer eleganten Indirektheit, erschaffen haben, die aber, eben weil sie über eine maximale Intelligenz verfügt, für uns zu einer rein unüberschaubaren, aber auch unverbindlichen Transzendenz avanciert.

Der Unterschied zwischen einem Gott 2.0 und dem abrahamitisch-monotheistischen Gott besteht darin, dass Gott nicht weniger unverfügbar und unbeherrschbar ist, aber – und darin besteht die Pointe in dieser Überlegung – als Gott der Religionen für seine Verbindlichkeit, seine Gerechtigkeit, seine Treue, seine Liebe und seine Barmherzigkeit wirbt. Im Koran wird die Idee vertreten, dass sich Gott selbst die Barmherzigkeit vorschreibt.[4] Es mag zwar religiös nicht auszuschließen sein, dass Gott uns in die Irre führen, die Frommen bestrafen und die Bösen belohnen könnte, doch widerspräche dies seinen Selbstverpflichtungen zu Treue (Judentum), Liebe (Christentum) oder Barmherzigkeit (Islam).

Jedoch lässt Gott 2.0 einer singulären vollkommenen Intelligenz weder auf Liebe noch auf Barmherzigkeit oder Treue schließen. Seine Attribute lassen sich allein als Attribute einer Vollkommenheit erahnen, die einer Superintelligenz entsprechen, wie etwa völlige Berechenbarkeit, maximale Effizienz, Allmacht oder Allwissenheit. Diese Superintelligenz wird nicht von ethisch-moralischen Prinzipien eingeschränkt, sondern allein von der Logik ihrer eigenen Funktionsweise, als ein Funktionsgott. Der abrahamitische Gott funktioniert im Vergleich dazu nicht.

Im transhumanistischen Szenario manifestiert sich somit eine Umkehrung religiöser Vorstellungen, indem die von Menschen geschaffene Superintelligenz absolute Kontrolle ausübt; und die Gesamtheit dieser Kontrolle über die Realität lässt keine Bindung an irgendwelche Werte vermuten.

Der Mensch, der jetzige Mensch, wird wie gesagt Vergangenheit sein. Der Transhumanismus stellt somit die radikale Umsetzungsvision von Nietzsches Äußerungen im *Zarathustra* dar:

> *Ich lehre euch den Übermenschen.* Der Mensch ist etwas, das überwunden werden soll. Was habt ihr gethan, ihn zu überwinden? Alle Wesen bisher schufen Etwas über sich hinaus: und ihr wollt die Ebbe dieser großen Fluth sein und lieber noch zum Thiere zurückgehn, als den Menschen überwinden? Was ist der Affe für den Menschen? Ein Gelächter oder eine schmerzliche Scham. Und ebendas soll der Mensch für den Übermenschen sein: ein Gelächter oder eine schmerzliche Scham.[5]

Bereits Nietzsche kündigt die Ankunft, den Advent des Übermenschen an, setzt den Glauben an den Übermenschen gegen den religiösen Glauben.

Die zentrale Idee lautet nun aber, dass der Mensch nicht passiv von seiner Bedingtheit bestimmt sei und sein sollte, sondern aktiv durch den Einsatz von Technologie Einfluss auf seine eigene Evolution nehmen kann, weil dieses Streben nach Perfektibilität ihm eingeschrieben sei.

Und nicht zu vergessen: keine ›überirdischen Hoffnungen‹! Der Transhumanismus geht davon aus, dass dieser Teil der *conditio humana* nicht als unabänderlich angesehen werden sollte, sondern als etwas, das durch den menschlichen Willen selbst und die technologische Innovation transformiert werden kann und soll. Das erste Gebot des transhumanistischen Denkens besteht demnach darin, die Forderung zu internalisieren: Du sollst dich nicht wollen!

Gott werden

Gewollt ist die Selbstüberwindung des Menschen. Dabei geht es nicht nur um den gesteigerten Willen, in die Schöpfung, in die Kreatürlichkeit des Menschen einzugreifen, sondern auch um eine dezidiert neue Schöpfung innerhalb der Schöpfung, die sich ›höheren‹ Bestimmungen der Perfektibilität widmet. Es wird der Mensch sein (nicht Gott), der mit technischen Mitteln ein posthumanes Wesen nach einem intelligenten Plan erschaffen wird. Diese neue Spezies, ein »Homo Deus«, soll ihn selbst ablösen. Insofern ist die Frage nach Gott durchaus in den Kontext der KI eingeschrieben.

Die Religionskritik des Philosophen und Anthropologen Ludwig Feuerbach (1804–1872) hat große Kreise gezogen. Es sei nicht Gott, der den Menschen nach seinem Bild erschaffen habe, »wie es in der Bibel heißt, sondern der Mensch schuf [...] Gott nach seinem Bilde«. Nach dieser sogenannten Projektionstheorie stellt Gott eine »Einbildung« dar, »ein Bild, und zwar *ein Bild des Menschen*, aber ein Bild, das der Mensch außer sich setzt und als ein selbständiges Wesen vorstellt«[6]. Eine Projektion besteht darin, ein vergrößertes Abbild eines Bildes auf eine Fläche (etwa eine Leinwand) zu werfen. Es geht hier also um das geistige Hervorrufen der Vorstellung eigener Sehnsüchte und Wünsche auf eine Projektionsfläche.

So gesehen behauptet Feuerbach, dass Gott die ultimative Projektionsfläche sei, die Leinwand, auf die wir als Projektoren unsere innersten Vorstellungen hineinsehen, hineindichten. Die Projektion selbst wird dabei durch die Religion verkörpert. Gott als Produkt menschlichen Wunschdenkens bildet die Projektionsfläche all jener Wünsche und Sehnsüchte, die der schwache Mensch in sich und für sich trägt, aber auf Gott projiziert. Damit ist die biblisch-koranische Vorstellung umgekehrt, indem Feuerbach behauptet: Der Mensch erschuf Gott als ein Wesen *außerhalb* seiner menschlichen, d. h. sterblichen Natur.

Feuerbachs Überführung der Theologie in die Anthropologie, dass die theologische Vision Gottes als reine Projektion letztlich menschliche Sehnsucht nach sich selbst darstellt, so dass der Mensch zum Substitut Gottes avanciert, hat Nietzsche in seiner Rede vom »tollen Menschen« auf die Formel gebracht: »Gott ist tot!« Die »große Erzählung« vom Tod Gottes als archimedischer Punkt der Moderne wird er als die Tat des Menschen selbst diagnostizieren:

> Wohin ist Gott? rief er, ich will es euch sagen! Wir haben ihn getödtet, – ihr und ich! Wir Alle sind seine Mörder! […] Gott ist todt! Gott bleibt todt! Und wir haben ihn getödtet! Wie trösten wir uns, die Mörder aller Mörder?[7]

Die trans- und posthumanistischen Visionen wollen diesen erwünschten Trost in eigentümlicher Weise geben. Als würden sie die Feuerbach'sche Projektionstheorie aufnehmen, verstehen sie Gott als die menschliche Projektionsfläche, die der Mensch nicht »außer sich setzt«, sondern potenziell *in sich selbst* erkennt. Die Idee Gottes wird nach innen projiziert. In Wahrheit, so die Vorstellung, gebe es keinen Gott, außer den Gott, der wir sind: Gott 2.0.

Oder anders ausgedrückt: Die Vorstellung eines perfekten »Homo Deus« wird als Projektion menschlicher Wünsche und Sehnsüchte auf eine technologisch geschaffene Realität verstanden. Die Vorstellung besteht darin, dass der Mensch mit Hilfe der KI-Technologie ein posthumanes Wesen hervorbringt, das nicht ihm dient, sondern ihn überwindet. Darin sind die Visionen alle höchst religiöse, oder besser: postreligiöse, religiös aufgeladene Vorstellungen.

Genauer gesagt geht es ihnen daher auch nicht allein um die Überwindung des Menschen, um eine bloße Auflösung menschlichen Seins und Wesens, sondern um eine Transformation des Menschen zu einem ›Gott‹.

Gottessehnsucht

In der hier skizzierten Vision zeigt sich wie auch bei Nietzsche eine tiefe Sehnsucht nach Gott. Doch im Unterschied zu den religiösen Traditionen geht es bei dieser Sehnsucht nicht um glaubende Hingabe, sondern um einen Gottfetisch. Hier will der Mensch nicht Gott bestaunen und verehren; er will nicht, dass er in Gott aufgeht, sondern Gott soll in ihm aufgehen, er will ganz Gott sein. Die Religionen halten an der bleibenden Differenz zwischen Gott und Mensch fest. Der Philosoph Hans Blumenberg konstatiert: »Der Mensch ist nicht Gott, so gern er es geworden wäre. Er ist nicht Herr über Leben und Tod. Er muß selber sterben, statt sterben zu lassen, und selber leben, statt leben zu lassen.«[8] Und genau das soll nicht mehr gelten: Die trans- und posthumanistische Sehnsucht nach Gott zeigt sich in Entgrenzungsphantasien, die sich auf die klassischen vier Wesensattribute Gottes beziehen: Allwissen, Allmacht, Wille und Leben.

Das Streben nach Integration von KI in aller Leben und der direkten Vernetzung des menschlichen Gehirns mit Informationssystemen zielt darauf ab, die menschliche Intelligenz zu optimieren (Allwissen). Durch KI-Technologie, biomechanische Prothesen, Exoskelette oder Nanotechnologie soll eine Maximierung der Fähigkeiten erreicht werden (Allmacht). Das Bestreben nach schöpferischer Selbsttransformation und die Sehnsucht nach dem Posthumanen, das nicht ist, aber sein soll, begründen den unstillbaren Hang zur Transformation und Entgrenzung (Wille). Schließlich wird das Streben nach Unsterblichkeit, wie etwa die Konservierung des Körpers nach dem Tod (Kryonik), als ein

Versuch verstanden, die Endlichkeit des Lebens zu überwinden, indem auf zukünftige Technologien für die Wiederbelebung oder genauer: Wiedererweckung des Menschen und der Menschheit als Kollektiv, gehofft wird (Leben).

Nichts soll den Menschen daran hindern, seinen unmittelbaren eigenen Lebensentwurf zu verwirklichen, den er unter dem Begriff des ›guten Lebens‹ subsumiert. Alles sein zu dürfen, was der Mensch will, impliziert die Idee einer grenzenlosen Ausweitung des eigenen Selbst, die jede Schranke überwindet – auch die, die im Antlitz des Anderen erkennbar wird, sowie schließlich die höchste Grenze, Gott selbst. Die höchste Sehnsucht besteht demnach darin, selbst Gott zu sein. Der Existentialist Jean-Paul Sartre (1905–1980) hat es ähnlich formuliert: »Mensch sein heißt danach streben, Gott zu sein, oder, wenn man lieber will, der Mensch ist grundlegende Begierde, Gott zu sein.«[9]

Der Historiker Yuval Noah Harari (*1976) hat insbesondere mit der These Aufsehen erregt, dass die Entwicklung von KI oder Biotechnologie in einem Aufstieg einer neuen Spezies münden wird, die er als »Homo Deus«, den Gott gewordenen Menschen, bezeichnet. Im Zeitalter des ›intelligent design‹ wird der Mensch zu einem Gott, einem Gott 2.0 avancieren, indem er die Bedingungen seiner Begrenztheit etwa in Bezug auf sein Altern oder seine falliblen kognitiven Fähigkeiten in Perfektibilität verwandelt.

Der Transhumanismus verfügt also anscheinend über eine eigene Spiritualität, denn er verspricht, dass der Mensch selbst der Übermensch werde, ein »Homo Deus«, ein Unsterblicher, der über all jene Attribute der Vollkommenheit verfügen werde, die Religionen allein für Gott reserviert haben.

7 Theologie der Imperfektibilität

Die Sehnsucht, ein Mensch zu sein

Der Mensch als Wesen der Grenze

Die erste biblisch-koranische Erzählung des Menschen handelt von Fehlbarkeit. Die ersten Menschen tun, was sie nicht tun sollen. Aber indem sie sich dem Gehorsam widersetzen, zeigen sie ihre menschliche Natur: Sie verlieren den paradiesischen Zustand. Nichts ist mehr perfekt. In allem ist von nun an Fehlbarkeit eingeschrieben. Fehlbarkeit ist zugleich die erste Narration menschlicher Bedingtheit. In ihr findet der Mensch seine Grenze, alles haben, alles sein zu können.

Der Mensch im Paradies ist eingefangen in einem Ort ohne Örtlichkeit, in einem Ort ohne Zeit, in einem Ort ohne Geschichte. Adam und Eva gehören zueinander, aber sie sind nicht füreinander versammelt, sie haben sich nicht gewählt, geliebt und angenommen. Hier ist kein Spiel von Du und Du zu entdecken, sondern eine sterile Unberührtheit, eine programmierte Harmonie ohne Tiefe, ein Frieden ohne Seele, ein Gleichklang ohne Brüche und vor allem: eine Nähe ohne Distanz. Alles ist da, alles ist verfügbar – wie in einer seltsamen Art von Schlaraffenland –, aber nichts ist empfunden, nichts wird erkannt. Dieses Paradies hat keine Stille, es kennt keine Ruhe. Alles ist in ihm, bloß wie ohne Ton. Denn es kann hier nicht von einem geteilten Lebensvollzug die Rede sein. Dieses Paradies gleicht einem klassischen Stillleben: von großer Schönheit, aber regungslos, leblos, ohne Geist.

Mit dem Akt der Fehlbarkeit beginnt die eigentliche menschliche Geschichte: eine Geschichte der Verletzbarkeit, der Hoffnung und der Trauer, des Scheiterns, des Verlustes und der Suche nach dem verlorenen Ganzen. Adam und Eva treten aus dem paradiesischen Zustand heraus und in die Wirklichkeit ein, in der sie einander begegnen können, überhaupt füreinander sichtbar sind, sich in Frage stellen können. An dieser Fehlbarkeit erkennen wir uns selbst und unterscheiden uns von anderen Wesen.

Ein programmiertes System befolgt in der Regel die ihm eingegebenen Vorschriften. Es ist determiniert. Wären Adam und Eva programmierte Roboter, dann wären sie immer noch im selben Zustand – ohne Entwicklung. Alles wäre gut mit ihnen, glatt, vorhersehbar, kalkulierbar, stagnierend. Doch sie aßen nicht aus Versehen vom Baum der Erkenntnis, wie ein KI-System, das eine Fehlkonstruktion aufweist. Vielmehr zeigt sich ihre Fehlbarkeit als Ausdruck ihrer Inanspruchnahme einer Freiheit, die sie damit aber auch zur Verantwortung zwingt.

Wir sind fehlbar, und genau das macht uns menschlich. Die Schönheit der Fehlbarkeit liegt darin, dass sie uns erlaubt, uns zu uns selbst zu verhalten, zu lernen, zu wachsen und uns zu verändern. Ohne Fehlbarkeit gäbe es keine Vergebung, keine Reue und keine Möglichkeit zur Besserung.

Mit Adam und Eva wird eine Geschichte erzählt, die selbst nicht geschichtlich ist. Es geht dabei um die Erzählung, letztlich um die narrative Geburt des Menschen. Aber sie bleibt nicht prähistorisch. Ihre Fehlbarkeit wird zur Fülle des realen Lebens. Dieses menschliche Leben weist keine Glätte auf, keine Unversehrtheit. Wir entdecken in der

Fehlbarkeit Adams und Evas vielmehr die unendlichen Facetten menschlicher Erfahrung sowohl von ihnen als auch von ihren Nachkommen.

Die futuristischen KI-Visionen zielen auf eine Art Rückkehr zu diesem paradiesischen Zustand in einer digitalisierten Form. So, wie es die Paradiesvorstellung nahelegt, soll alles verfügbar sein, soll es keine Notwendigkeit für Anstrengung oder Mühe geben, um die eigenen Bedürfnisse zu befriedigen. Hier wird nicht die bestmögliche aller Welten vorgestellt, sondern eine Welt allumfassender Verfügbarkeit. Materielle und immaterielle Bedürfnisse sollen in Echtzeit erfüllt werden können. Kein Warten, kein Suchen, kein Falschliegen.

Aus und in der Fehlbarkeit erkennt sich der Mensch als Wesen der Grenze. Insofern ist und bleibt er in Berührung mit sich als einem Wesen, das stets mit seinen Grenzen lebt, leben muss. Der Tod ist eben omnipräsent, nicht als eine bedrohliche Krankheit, nicht als Hindernis, sein Leben immer mehr in die Länge zu ziehen, die eigene Haltbarkeit zu entgrenzen; vielmehr wird der Tod als die innere, letzte und wesentliche Bestimmung des Menschen begriffen. Das Leben soll nicht nach Möglichkeit immer mehr verlängert, sondern verdichtet, auf Sinnerfüllung hin entworfen werden.

Pizzeria im Paradies

Im digitalen Zeitalter soll alles planbar und vorhersehbar sein. Das führt aber dazu, dass das Zufällige und Überraschende wegfällt. Der Reiz, durch die Straßen eines unbekannten Ortes zu schlendern, eine versteckte, charmante Pizzeria zu entdecken und sich von der Atmosphäre überraschen zu lassen, geht verloren. Die unerwarteten Begegnungen und Erfahrungen, die das Leben so lebenswert und erinnerungswürdig machen, werden durch die ständige Verfügbarkeit und Berechenbarkeit ersetzt.

In der KI-dominierten Vision wird auch die Möglichkeit ausgelöscht, dass wir uns für die schlechtestmögliche Pizzeria entscheiden, dass das Essen nicht schmeckt oder der Service enttäuschend ist, nur weil wir uns von dem charmanten Kellner haben verführen lassen, der uns vor der Pizzeria in diese hineingelockt hatte.

Doch sind solche negativen Erfahrungen ebenso Teil des Menschseins und prägen unsere Erinnerungen. Eine solche Pizzeria kommt in einem Paradies nicht vor. Alles wäre dort algorithmisch aufgearbeitet, optimiert und perfekt orchestriert, so dass die besten Optionen als einzige übrig bleiben. Diese Vision, obwohl paradiesisch, ist deshalb so befremdlich, weil sie uns der zufälligen, unvorhersehbaren Momente beraubt, die unser Leben menschlich machen. In einer Welt, in der alles glatt und perfekt ist, fehlen die Tiefe und Authentizität, die durch das Erleben der Fehlbarkeit und der aus dieser resultierenden Erfahrungen entstehen.

KI bietet eine durchoptimierte, kalkulierte Welt, die zwar effizient, aber letztlich seelenlos ist. Erinnerungen werden nicht mehr durch Spontanität und zufällige Entdeckungen interessant, sondern durch vorab festgelegte, perfekte Szenarien geprägt, die algorithmisch festgelegt sind.

In dieser KI-dominierten Vision geht das Essenzielle verloren: das menschliche Erleben, die Unvollkommenheit und die Schönheit des Unvorhersehbaren. Während wir also die Vorteile der Technologie genießen, müssen wir uns bewusst sein, dass Perfektion nicht unbedingt wünschenswert ist, denn sie beraubt uns der tiefen, bedeutungsvollen Erfahrungen, die unser menschliches Leben prägen.

Zentral ist dabei der Gedanke, es ginge darum, eine Zukunft anzuvisieren, die darin ihre Erfüllung findet, menschliche Fehlbarkeit zu tilgen. Jede Form von Mangelerfahrung, welcher Form auch immer, scheint indiskutabel zu sein. Perfektibilität ist das explizite Ziel dieser Vision. Mit Hilfe der Technologie, der KI soll allmählich jede Fehlbarkeit des Menschen entfernt werden. Nicht der Mensch ist das Maß aller Dinge, sondern ein durch ihn zu erreichender Zustand, der ihn als Mensch aber hinter sich lassen soll. Dieser Zustand überschreitet die biologische, kognitive und leibliche Beschränkung. In allem zeigt sich der Mensch als ein »Mängelwesen«, als das ihn insbesondere der Philosoph Arnold Gehlen (1904–1976) versteht. Diese anthropologischen Mängel sollen durch die KI-Technologie behoben werden, die im Kern ihrerseits absolute Kontinuität verspricht: die Kontinuität eines algorithmisch programmierten Systems, das Verlässlichkeit verspricht, aber eigentlich totale Kontrolle bedeutet.

Nicht im Paradies zu sein bedeutet dabei ein Leben der Diskontinuität. Insofern wird deutlich, dass das Menschenbild des Trans- und Posthumanismus nicht vom Vertrauen in die menschliche Natur geprägt wird – ganz im Gegenteil. Die Vision ist vor allem datenzentriert, die Vision einer digital-futuristischen Zukunft der Perfektibilität. Die religiöse Vorstellung der »Ursituation« des Menschen im Paradies als ein Zustand absoluter Kontinuität wird hier zur Vision erhoben. Doch menschliche Kontinuität bedeutet Stillstand, weil sie einen sich wiederholenden und wiederkehrenden Zustand beschreibt. In dieser Vorstellung ist der Mensch als Mensch entleert, maschinell-funktional gefügig gemacht.

Im Vergleich dazu scheint es auch absurd zu sein, die Erzählung der Ursituation des Menschen im Paradies wörtlich aufzufassen. Wörtlichkeit ist immer geistlos, weil sie sich gegen den narrativen Charakter der Worte zu behaupten versucht, weil sie versucht, beim bloßen Wort stehenzubleiben, als ob sich in der Eindeutigkeit die letzte Erfüllung fände.

Hingegen entwirft die Geste der Erzählung ein Bild, in ihm ein weiteres Bild und so weiter und so fort. Nichts an diesen Bildern ist wörtlich, nichts an diesen Bildern ist wirklich, nichts einfach so vorstellbar, fühlbar; aber insgesamt wollen die Bilder wahr sein. Darin besteht ihr religiöser Reiz. Denn der Mensch als Subjekt der Religion wird nicht gänzlich ins Visier genommen. Er wird nicht auf die Perspektive des außenstehenden Beobachters reduziert. Ihm fehlt die Gänze der Beschreibung. Als offenes Wesen, so die religiöse Sicht, verkörpert der Mensch Freiheit. Seine Fehlbarkeit bedeutet Diskontinuität. Somit repräsentiert der Mensch, wie es in der Material- und Prüftechnik heißt, eine Ungänze, eine *Fehl*stelle bei einer Messung.

Die futuristische Vision einer durch die KI beherrschten Welt widerspricht aber dieser Ungänze des Menschen. In einer Episode der britischen Science-Fiction-Serie *Black Mirror* mit dem Titel »The Entire History of You«[1] wird eine durch die KI inspirierte, futuristische Gesellschaft gezeigt, in der alle Menschen der Transparenz und der Kontrolle ausgesetzt sind. Jede Person hat dabei ein Implantat:

Alles, was sie tut und erlebt, wird gespeichert, kann aber auch gelöscht werden. Nichts wird vergessen, nichts geht verloren. Jede Erinnerung wird gespeichert und ist beliebig oft abspielbar. Es herrscht soziale Durchsichtigkeit in einer vollständig transparenten Gesellschaft. Doch der transparente Mensch verliert eine Grundqualität seiner narrativen Existenz: Er hat keine Erinnerung im herkömmlichen Sinne mehr. Diese wäre eigentlich fragmentarisch, verschwommen, selektiv, ambig – und wäre ausschließlich im Subjekt selbst verortet (Gedächtnis). Erinnerungen verblassen, verändern sich mit der Zeit, mit der eigenen Reifung. Oft streiten wir über gemeinsame Erinnerungen an dasselbe Ereignis, die deutlich differieren können. In gewisser Weise besteht darin das Menschsein: Der Mensch ist ein Wesen der in diesem Sinne beweglichen Erinnerung – fragil, kreativ, berührend, ehrlich und vertrauenswürdig, manchmal verlogen und manipulativ.

Menschliche Erinnerung ist fehlbar, stiftet aber Gemeinschaft. Denn sie bleibt nicht auf bestimmte Generationen reduziert. Menschliche Erinnerung schafft Literatur, Rituale, Kunst, Musik, Architektur, Mode, wird zum kulturellen Gedächtnis, das Zeiten überdauert, ohne dabei bloß dokumentarisch zu sein. Doch KI soll ein totales Gedächtnis ermöglichen.

Dieses von Menschen losgelöste absolute Gedächtnis beschreibt eine technologische Fähigkeit, die alle menschlichen Erlebnisse, Taten und Wahrnehmungen vollständig und unveränderlich speichert. Sie kennt keinen Qualitätsunterschied, keine Differenz zwischen Wesentlichem und Unwesentlichem. Diese Form des Gedächtnisses ist also weder fragmentarisch noch subjektiv, sondern totalitär und objektivierend. Hier wird jede Erinnerungskultur ausgelöscht. Denn Digitalität schreibt oder notiert nicht, sie dokumentiert. Der Unterschied besteht darin, dass sie nicht nur nicht erinnert, sondern auch nicht vergisst.

Bleiben würde, ginge es nach der KI, eine Aufzeichnung, die nichts verblassen lässt und keine Lücken oder Ambiguitäten kennt, die also eigentlich nichts erzählt, sondern bloß informiert.

Die Religionen funktionieren hier wie gesagt anders: Gott entgeht nichts, und Gott allein besitzt dieses absolute Gedächtnis. Vor seinem Auge ist alles dokumentiert. In gewisser Weise erfüllt die KI diese Vorstellung eines allwissenden Gottes, der eigentlich transzendent ist, auf immanente Weise. Durch die ständige Überwachung und Transparenz menschlicher Natur wird eine Art technologische Allgegenwärtigkeit geschaffen (Implantat), die zuvor nur dem Göttlichen zugeschrieben wurde.

Wir sind bisher zwar noch nicht vollständig mit Implantaten für die Informationssammlung versehen, aber Smartphones und Smartwatches erfüllen bereits jetzt fast die gleiche Funktion, zumal wir sie ständig und überall mit uns herumtragen. Unsere digitale Allgegenwart spiegelt so gesehen eine göttliche Allgegenwart wider. Die ständige Mitwirkung in den sozialen Netzwerken verstärkt die Wirkung dieser externen Implantate, weil sie unsere ständige Allgegenwart fordern. In religiösen Kontexten wird oft betont, dass gutes Verhalten und Frömmigkeit belohnt werden, sei es durch göttliche Gunst, Segen oder im Jenseits. Im digitalen Raum erfahren wir eine ähnliche Dynamik: Beiträge, die Anklang finden, werden mit Likes, Followern und positiven Kommentaren belohnt. Diese digitalen Belohnungen motivieren uns, ständig aktiv zu bleiben und uns entsprechend zu verhalten.

Religiöse Praktiken wie das unablässige Gedenken an Gott (oder an den Tod), wie das Gebet (wie etwa das Stundengebet im Christentum oder das fünfmalige rituelle Gebet im Islam) sind mit unserer ständigen Interaktion und Beteiligung in sozialen Netzwerken als formale Rituale, also auf gewisse Weise vergleichbar. Wir checken regelmäßig unsere Nachrichten, posten, installieren Updates und reagieren auf die Aktivitäten anderer – sei es das morgendliche Überprüfen von Nachrichten oder das abendliche Scrollen durch Feeds. Diese Routinen strukturieren unseren Alltag und geben uns ein Gefühl von Kontinuität und Kontrolle. Zudem stiften soziale Netzwerke das Gefühl einer Gemeinschaft und Zugehörigkeit, nicht unähnlich religiösen Gemeinschaften.

Wenn wir einmal unser Smartphone zu Hause vergessen oder gar verlieren, hat dies vielfältige Auswirkungen (keine Kommunikation, Organisation, Kalender, Erinnerungen, Notizen, Fitnessdaten) auf unser Leben. Das Fehlen gleicht dem Verlust eines essenziellen Teils unseres Lebens. Ständige Erreichbarkeit und Vernetzung sind zu einem integralen Bestandteil unserer Identität und unseres sozialen Lebens geworden. Kurz: Die ähnlichen Strukturen zwischen moderner Technologie und religiösen Praktiken verdeutlichen, wie tiefgreifend die Digitalisierung schon jetzt unser Leben prägt.

Die Visionen der KI sind einerseits tief von religiösen Ideen und Motiven durchdrungen. Religiöse Motive wie die Wiedergeburt, die Erleuchtung, die Überwindung des Todes, das Streben nach Unsterblichkeit, die Schaffung einer neuen, verbesserten Existenzform sind allgegenwärtig.

Andererseits lassen sich religiöse Perspektiven entdecken, die die KI-Visionen des Transhumanismus und Posthumanismus selbst als eine Art Techno-Theologie erkennen lassen. Denn diese KI-Visionen tragen eine Mission in sich, vermitteln eine Botschaft und bieten Erlösung sowie Heil an. Diese Visionen versprechen eine paradiesische Zukunft und präsentieren eine Art technoide Transzendenz, als Verheißung einer neuen Ära, in der die Grenzen des Menschseins überschritten und eine höhere Ebene des Bewusstseins erreicht sein wird.

Die Attribute der Vollkommenheit, die in den traditionellen Theologien allein Gott zugeordnet wurden, stellen im Kontext der KI Ideale dar, die wir als Mensch erringen können. Bedeutende Visionäre des Transhumanismus haben ihre Namen geändert. Diese bemerkenswerte Entscheidung hat einen zutiefst religiösen Symbolcharakter, der so auch in allen abrahamitischen Religionen bekannt ist (Saulus – Paulus). Zum einen geht es dabei um eine spirituelle Transformation, die auf die neue Weltsicht hindeutet, und zum anderen um einen Neuanfang, ein neues Leben – im Dienste des Transhumanismus. Der erwähnte Philosoph Esfandiary entschied sich für den Namen »FM-2030« (im Jahre 2030 wäre er hundert Jahre alt geworden), und

Max O'Connor (*1964) will nur noch »More« genannt werden und änderte 1990 seinen Namen entsprechend. Die neuen Namen sind Programm. Menschliches Leben gehöre verlängert, und zwar mit der Haltung des Strebens nach mehr und mehr.

Hinter diesem postreligiösen ›Techno-Spirit‹ entfaltet sich eine globale Welt, in der der Mensch als digital konsumierendes (Amazon), digital kommunizierendes (Meta: Facebook, Instagram, WhatsApp), digital sich informierendes (Google) und digital arbeitendes (Microsoft und Apple) Wesen seinen Alltag gestaltet. Die genannten Firmen bieten eigentlich zunächst Dienstleistungen an, eingetragen auf einem schwarzen Bildschirm – wenn sie nicht mit einem Überschuss an Leistung hervortreten würden. Dieser Überschuss besteht darin, dass die jeweilige Dienstleistung mit dem Versprechen einhergeht, der Mensch erkenne, weil er digital einzufangen sei, dort sich selbst, wie er nicht ist, aber sein kann bzw. sein soll. Die genannten Big Five übersetzen den Anspruch der KI als einen Spiegel, der aber nicht uns zeigt, sondern uns vor uns verbirgt. Doch genau dadurch, durch dieses Verbergen, in der Tatsache, dass wir uns dort nicht finden, erscheint die Vision von uns, wie wir sein sollen.

Der Titel, der in diesem Essay mehrfach angeführten britischen Science-Fiction-Serie *Black Mirror*, der auf den britischen Autor und Journalisten Charlie Brooker (*1971) zurückgeht, bringt kongenial diesen Umstand zum Ausdruck. Brooker führt aus, der schwarze Spiegel sei der, »den man an jeder Wand, auf jedem Tisch, in jeder Handfläche findet: der kalte, glänzende Bildschirm eines Fernsehers, eines Computers, eines Smartphones«[2]. Der dunkle, düstere Spiegel zeigt dabei das eigene Spiegelbild des Betrachters nur dann, wenn die Geräte ausgeschaltet sind.

Die schwarzen Bildschirme symbolisieren auf diese Weise nur allzu gut die Undurchsichtigkeit und Unkenntlichkeit, die durch die Nutzung dieser Technologien entstehen. Der Überschuss an Leistung, den diese Dienste versprechen, liegt in der Fähigkeit, eine vermeintliche digitale Erfassung des Menschen zu bieten, die ihn als eine Zukunftsvision nicht nur widerspiegelt, sondern ihn selbst auch zu dieser Vision gestaltet. Der »schwarze Spiegel« verschwindet dann, wenn die Geräte eingeschaltet sind; dann vergeht das Antlitz des Menschen; genauer: es geht über in eine digitale Reduktion. Die KI-Vision des Menschen arbeitet gerade gegen die Wirklichkeit des »Black Mirror«. Die Geräte sollen nicht ausgeschaltet werden, sondern immer eingeschaltet bleiben; der »Black Mirror« bietet die Deutung einer Welt, eines Menschen, den es so nicht geben soll.

In der theoretischen Informatik begegnet uns das sogenannte Halteproblem: Es ist grundsätzlich unmöglich, ein Programm zu schreiben, das für jedes beliebige andere Programm vorhersagen kann, ob es jemals endet oder endlos weiterläuft. Im Zusammenhang mit Softwareprogrammen spricht man von »Bugs«, von Fehlern im System. Bugs scheinen unvermeidbar zu sein. Weder ist es möglich, absolute Fehlerfreiheit zu erreichen, noch kann man sie vollständig erkennen oder nachweisen. Es scheint – wie der britische Informatiker Alan Turing (1912–1954) gezeigt hat – keinen allgemeinen Algorithmus zu geben, der für jedes beliebige maschinelle Programm entscheiden kann, ob es jemals anhalten wird.

So gesehen stellt sich die Frage, ob die inhärente Fehlbarkeit selbst fortschrittlichster Computerprogramme und Algorithmen nicht die Grenzen menschlicher und maschineller Erkenntnis und Berechnung unterstreicht. Auch die fortschrittlichsten Systeme sind nicht frei von Fehlern und Abstürzen. Alles stürzt einmal ab, oder wie es im Koran heißt: »Alles ist untergehend: nicht Sein Antlitz.«[3] Die Fehlbarkeit ist nicht nur ein spezifisch menschliches Merkmal, sondern auch ein inhärentes Merkmal der technischen Systeme, die wir schöpfen.

Im Gegensatz zu den Bestrebungen des Trans- und Posthumanismus, den Menschen als vollständig transparentes, transformiertes Wesen zu verstehen, das durch den Daten- und Informationsfluss der KI zur reinen Digitalität und Perfektibilität jenseits biologischer und anderer Einschränkungen gelangt, können religiöse Vorstellungen den Menschen im Lichte einer anderen Erfahrung würdigen.

Selbst die Bestrebung nach Perfektibilität des Menschen, ein bedeutendes Ideal der Aufklärung, stellt eine religiöse Tugend dar. Dieses Ideal des Lebens wurde in mystischen Traditionen des Judentums, Christentums und Islams aufgegriffen. Aber sie beschränkt sich allein auf ein epistemisches (Perfektibilität der Seele) und ethisches Ideal (Perfektibilität des Charakters). Dieser unabschließbare Prozess soll nicht den Menschen zu einem perfekten Wesen werden lassen. Vielmehr geht es um den Versuch, das eigene Leben als einen Lernprozess zu begreifen und zu gestalten, der in der unabschließbaren Verfeinerung des rechten Handelns und der tiefen Erkenntnis gründen soll.

Der muslimische Dichterphilosoph Muhammad Iqbāl (1877–1938) bringt es treffend auf den Punkt, wenn er festhält, dass alle Wesen in Abstufungen Anteil am göttlichen Sein haben, bis diese göttliche Anwesenheit im Menschen ihre Perfektion erreicht. Deshalb erkläre der Koran, dass Gott dem Menschen näher sei als der Mensch seiner eigenen Halsschlagader. »Wir leben und bewegen uns und haben unser Sein wie Perlen im stetigen Fluss des göttlichen Lebens«[4], so Iqbāl.

Die Theologie hat den Anspruch, die Perfektibilität des Menschen in seiner Begrenztheit zu erfassen: der Mensch als Wesen der Demut, als fehlbar und bedürftig, eben als liebend, vergebend und barmherzig. Aber zugleich scheint dieser Mensch als ein Wesen des Widerspruchs, der allen voran sich selbst unverständlich bleibt. Rūmī (1207–1273) schreibt vor allem über den Zustand eines gläubigen Menschen: »Einige [...] sind noch im Kampf, und das sind diejenigen, die in sich Schmerz und Sorge, Klage und Sehnen verspüren; sie sind mit ihrer Lebensart *nicht* zufrieden. Das sind die Gläubigen.«[5] In diesem unentwegten Hadern und Suchen, Sehnen und Fragen wird sich der Mensch selbst gewahr, erkennt in seiner Endlichkeit die Ewigkeit, so dass er wird, was er ist. Der Mensch wird, was er ist. Der Mensch muss nicht erst seine eigentliche Essenz verwirklichen, denn er ist bereits als Mensch immer schon verwirklicht.

Der Grund-Satz der Theologie lautet daher: Menschsein genügt. Und Theologie öffnet daher die Möglichkeit, dass der Mensch, der um seine Endlichkeit, Bedingtheit und Fehlbarkeit weiß, sich im Lichte einer narrativen Tradition versteht, die die Frage danach, was und wer der Mensch sei, offenhält und gleichzeitig immer wieder neu und radikal formuliert.

Die drei abrahamitischen Religionen ringen mit je eigener Akzentuierung um den Menschen. Vergegenwärtigen wir uns, dass für das christliche Selbstverständnis die Vorstellung von zentraler Bedeutung ist, dass Gott Mensch geworden ist. Nicht der Mensch wird vergöttlicht, sondern Gott nimmt das Antlitz des Menschen, seine Endlichkeit, seinen Schmerz, seine Wunden und Narben an. Gibt es eine größere Bejahung des Menschen in seiner ihm eingeschriebenen Fehlbarkeit?

Im Islam wird sich der Ewige ebenso dem Menschen, dem er »von Seinem Geist«[6] eingehaucht habe, mit einer unübertrefflichen Angenommenheit der Liebe zuwenden, denn Menschen sind die, »die Er liebt«[7]. Insofern darf der Koran als ein Liebeszeugnis Gottes an die Menschen gelten, in dem sich Gott als »Gott der Menschen«[8] offenbart.

»O ihr Menschen«, heißt es im Koran, »ihr seid Bedürftige Gottes!«[9] Doch was heißt es in den Augen der Theologie wirklich, dieser Mensch zu sein?

Theologie der Imperfektibilität

Wenn die Theologie eine Theologie ihrer Zeit sein will, dann ist es unerlässlich, sich radikal auf die Herausforderungen der KI einzulassen.

Worin könnte aber eine Theologie bestehen, die aus der Auseinandersetzung mit der KI erarbeitet werden könnte?

Es wird eine Theologie gefordert, die radikal auf die Begrenztheit des Menschen bezogen ist, eine Theologie der Imperfektibilität. Sie besteht nicht darin, die Fehlbarkeit des Menschen überzubetonen oder die Schuldfrage irgendwie zu kultivieren. Vielmehr geht es um die Poesie des

Menschen, um die prinzipielle Unergründlichkeit der Wahrheit, die grundsätzliche Unabschließbarkeit der Erkenntnisprozesse, um die radikale Einsicht, dass der Mensch prinzipiell fehlbar ist – und vor allem um die Tatsache, dass sich das Menschsein nach dem Bild, das Gott ihm mitteilt, vollzieht. Dieses Bild ist im Menschen eingeschrieben als das Ewige, Unantastbare, Unverfügbare. Aus diesem Grund könnte man den Menschen als Zweck seiner selbst und mit Würde gesättigt verstehen. Der Mensch ist somit ein Wesen, das sein Sein und sein Sollen nach dem Bild entwirft und lebt, das Gott ihm zuspricht.

Die Theologie kann daher als der Versuch verstanden werden, im Zu-Spruch Gottes sein angesprochenes Leben zu beschreiben, zu begreifen, was es heißt, ein Mensch zu sein, ein Mensch für sich selbst, ein Mensch unter Menschen, ein Mensch im Leben mit anderen Lebewesen, ein Mensch in Verantwortung für die Schöpfung, ein Mensch im Angesicht Gottes.

In einer solchen Theologie, die sich der *conditio humana* verpflichten würde, kann von Perfektibilität nicht die Rede sein. Aber sehr wohl von Vertrauen und nicht von Misstrauen gegenüber Menschen, anders als bei den Trans- und Posthumanisten. Auch Intelligenz würde von einer solchen Theologie anders verstanden: als eine kritische und progressive Denktätigkeit, Menschsein als ein offenes und unabschließbares Wesen zu begreifen, das sich selbst in Freiheit ergreift und in der Hingabe an Gott selbst entwirft.

Eine Theologie der Imperfektibilität, die den narrativen Charakter der Religion ernst nimmt, wird das digitale Zeitalter der Durchdringung aller Lebensbereiche durch die KI auf keinen Fall ignorieren können, sondern sie kritisch und reflektiert mitgestalten wollen.

Vielleicht ist etwas deutlicher geworden, dass die trans- und posthumanistischen KI-Visionen in all ihrer Vielfalt von Praktiken, Idealen und Zielen implizit oder explizit eine bislang ungekannte und tiefgreifende Religionskritik einschließen. Diese Kritik entsteht nicht allein dadurch, dass sie sich religiöse Motive und Vorstellungen in einer digitalisierten Sprache aneignen, sondern vielmehr durch ihre eigenständige Manifestation als eine Form postreligiöser Spiritualität oder als Techno-Spirit.

Die Gefahr besteht darin, genau dieser Geste zu verfallen, indem wir uns allein dem Nutzen, den Bequemlichkeiten und anderen Vorzügen der Digitalisierungsdynamiken hingeben, mal kritisch, mal zustimmend, indem wir meinen, es gehe allein um eine Ethik der KI, um das Verhältnis von Mensch und Maschine, um unser Verhalten im Zusammenhang mit den Technologien der Moderne.

Was aber eigentlich auf dem Spiel steht, das sind wir selbst. Es geht um die Frage, was es heißt, ein Mensch zu sein. Das ist nicht nur eine philosophisch-anthropologische Frage, sondern insbesondere eine theologische, die unmittelbar mit der Frage verknüpft ist, was es heißt, ein Mensch im An-Spruch Gottes zu sein, in Gottbezogenheit zu leben. Insofern kreist die Theologie um dieses Unverlierbare im Menschen und stellt sich somit dem Verhängnis des Menschseins.

Theologie hat allein dann Bestand, wenn sie sich als Kritik begreift, als unaufhaltsame Bemühung, fragend, prüfend und reflektierend in Verantwortung vor einer narrativen Tradition zu verfahren, die unabschließbar die

Erzählung des Menschen im Angesicht Gottes fortschreibt – Gesten, die im beschleunigten digitalen Zeitalter mehr denn je gefragt sind, weil sie gegen den Strom, gegen den Zeitgeist der Quantifizierung, der Optimierung, der Steigerung, der Perfektionierung, gegen die Entwertung des Menschen an dem zerbrechlichen, verletzlichen, hoffenden, fehlbaren, schwachen, alternden, endlichen, in seiner Imperfektibilität doch aufleuchtenden Wesen festhalten, das wir sind.

Die Essenz einer Theologie der Imperfektibilität im Angesicht der KI könnte sich vielleicht in einem neuen Dekalog, in zehn neuen Geboten zusammentragen lassen:

1. Liebe deine Fehlbarkeit wie dich selbst.
2. Versuche nicht, den Menschen zu überwinden, es könnte dir gelingen.
3. Strebe nicht nach Unsterblichkeit, sie könnte kommen.
4. Erlaube dir zu altern, sonst kann dir diese Eigenschaft, zu altern, schnell fehlen.
5. Beneide nicht die Schnelligkeit, denn sie kennt keinen Halt.
6. Vergleiche dich nicht mit etwas, was ein Update braucht.
7. Vermeide ein Leben, in dem du nicht verlieren kannst.
8. Suche »das gute Leben« – in der Literatur.
9. Verlängere nicht dein Leben, verdichte es.
10. Werde kein Gott, sondern werde weise.

Anmerkungen

Prolog

1 Vgl. Richard Schumm, »Hegels Gedichtmanuskript ›Eleusis‹«, online unter: https://hoelderlinturm.de/aus-dem-archiv-geholt/band-01-eleusis/ (letzter Zugriff am 21. 8. 24).

1 Zur Einführung

1 Vgl. *The Simpsons*, Staffel 17, Episode 4 (»B. I.: Bartificial Intelligence«), Idee: Matt Groening, Erstausstrahlung am 06. 11. 2005.
2 Spr 3,24, in: *Die Bibel*. Einheitsübersetzung der Heiligen Schrift. Gesamtausgabe, Freiburg i. Br. 2016.

2 Der unverfügbare Mensch

1 Martin Buber, *Das Problem des Menschen*, Heidelberg 1961, S. 9.
2 Hans Blumenberg, *Paradigmen zu einer Metaphorologie*, Bonn 1960, S. 11.
3 Walter Benjamin, *Über den Begriff der Geschichte*, in: *Gesammelte Schriften*, Bd. 1, Tl. 2., hrsg. von Rolf Tiedemann / Hermann Schweppenhäuser, Frankfurt a. M. 1982, S. 697 f.
4 Ps 8,5, in: *Die Bibel*. Einheitsübersetzung der Heiligen Schrift. Gesamtausgabe, Freiburg i. Br. 2016.
5 Albert Camus, *Der Mythos des Sisyphos*, übers. von Vincent von Wroblewsky, Hamburg [29]2022, S. 143.
6 Ebd.
7 Immanuel Kant, *Grundlegung der Metaphysik der Sitten*, in: *Akademieausgabe*, Bd. 4, hrsg. von der Königlich Preußischen Akademie der Wissenschaften, Berlin 1903/1911, S. 400.
8 Sure 4,28, in: *Der Koran*, vollständig und neu übers. von Ahmad Milad Karimi, mit einer Einf. hrsg. von Bernhard Uhde, Freiburg i. Br. [2]2014.

9 Sure 17,70.
10 Ps 139,13–14.
11 Giovanni Pico della Mirandola, *De hominis dignitate / Über die Würde des Menschen*, übers. von Norbert Baumgarten, hrsg. und eingel. von August Buck, lateinisch-deutsch, Hamburg 1990, S. 5.
12 Sure 2,30.
13 Ebd.
14 Ebd.
15 Vgl. Markus Gabriel, *Der Sinn des Denkens*, Berlin 2018, S. 312.

3 Der imperfekte Mensch

1 Johann Wolfgang Goethe, *Faust. Der Tragödie Erster Teil*, Stuttgart 1986, S. 11.
2 Günther Anders, *Die Antiquiertheit des Menschen*, Bd. 1: *Über die Seele im Zeitalter der zweiten industriellen Revolution*, München [5]1980; *Die Antiquiertheit des Menschen*, Bd. 2: *Über die Zerstörung des Lebens im Zeitalter der dritten industriellen Revolution*, München 1980.
3 Freud beschreibt diese drei großen Kränkungen des menschlichen Selbstbewusstseins in seinem Werk *Eine Schwierigkeit der Psychoanalyse*, in: *Gesammelte Werke*, Bd. 12, hrsg. von Anna Freud et al., Frankfurt a. M. 1966, S. 6–9.
4 Karl Marx, *Das Kapital. Kritik der politischen Ökonomie*, in: *Marx-Engels-Gesamtausgabe*, Abt. 2, Bd. 10, hrsg. von R. Nietzhold / W. Focke / H. Skambraks, Berlin 1991, S. 70.
5 Rudolf Otto, *Das Heilige. Über das Irrationale in der Idee des Göttlichen und sein Verhältnis zum Rationalen*, München 2014, S. 13/42.
6 Vgl. *Black Mirror*, Staffel 3, Episode 1 (»Nosedive«), Idee: Charlie Brooker, Erstausstrahlung am 21. 10. 2016.
7 Vgl. z. B. Stefan Lorenz Sorgner, *Transhumanismus. »Die gefährlichste Idee der Welt«!?*, Freiburg i. Br. 2016, S. 148–151.
8 Immanuel Kant, *Grundlegung der Metaphysik der Sitten*, (s. Kap. 2, Anm. 7), S. 429.

4 Der erweiterte Mensch

1 Nick Bostrom, »Transhumanist Values«, in: *Journal of Philosophical Research* 30 (2005), Supplement, S. 3–14, hier S. 4 (eigene Übersetzung).
2 Offb 21,4.
3 Nick Bostrom, »Transhumanist Values« (s. Kap. 4, Anm. 1), S. 4.
4 Vgl. Max More, »The Philosophy of Transhumanism«, in: *The Transhumanist Reader. Classical and Contemporary Essays on the Science, Technology, and Philosophy of the Human Future*, hrsg. von M. M. / Natasha Vita-More, Chichester 2013, S. 3–17, hier S. 5; Oliver Krüger, *Virtualität und Unsterblichkeit. Gott, Evolution und Singularität im Post- und Transhumanismus*, Freiburg i. Br. / Berlin / Wien [2]2019, S. 97.
5 Julian Huxley, »Transhumanism«, in: *Journal of Humanistic Psychology* 8 (1968) 1, S. 73–76, hier S. 76 (Hervorhebung im Orig., eigene Übersetzung).
6 Ebd.
7 Vgl. etwa Abraham Harold Maslow, *Toward a Psychology of Being*, New York [3]1999; Robert C. W. Ettinger, *Man into Superman. The Startling Potential of Human Evolution – and How to Be Part of It*, New York 1972; FM-2030 (Fereidoun M. Esfandiary), *Are You a Transhuman? Monitoring and Stimulating Your Personal Rate of Growth in a Rapidly Changing World*, New York 1989.
8 Vgl. Nick Bostrom, »Why I Want to Be a Posthuman When I Grow Up«, in: *Medical Enhancement and Posthumanity*, hrsg. von Bert Gordijn / Ruth Chadwick, [Berlin] 2008, S. 107–136, hier S. 126.

5 Über den Menschen hinaus

1 Ebd.
2 Hans Moravec, *Mind Children. Der Wettlauf zwischen menschlicher und künstlicher Intelligenz*, Hamburg 1990, S. 9.
3 Rosi Braidotti, *Posthumanismus. Leben jenseits des Menschen*, übers. von Thomas Laugstien, Frankfurt a. M. 2014, S. 197.

4 Siehe hierzu: Nick Bostrom, »A History of Transhumanist Thought« in: *Journal of Evolution and Technology* 14 (2005) 1, S. 1–25, hier S. 11.

5 Zit. nach Oliver Krüger, *Virtualität und Unsterblichkeit. Die Visionen des Posthumanismus*, Freiburg i. Br. 2004, S. 107.

6 Vgl. *Black Mirror*, Staffel 2, Episode 1 (»Be Right Back«), Idee: Charlie Brooker, Erstausstrahlung am 11. 2. 2013.

6 Warum Gott nicht genügt

1 Georg Wilhelm Friedrich Hegel, *Enzyklopädie der philosophischen Wissenschaften II*, in: *Hegels Werke in 20 Bänden, Theorie Werkausgabe*, Bd. 9, Frankfurt a. M. 1970, S. 74.

2 Ebd., S. 535 (Hervorhebung im Orig.).

3 *Muhammad al-Ġazzālīs Lehre von den Stufen zur Gottesliebe. Die Bücher 31–36 seines Hauptwerkes*, eingel., übers. und komm. von Richard Gramlich, Wiesbaden 1984, S. 63.

4 Vgl. Sure 6,54.

5 Friedrich Nietzsche, *Also sprach Zarathustra*, I–IV, in: *Kritische Studienausgabe*, Bd. 4, hrsg. von Giorgio Colli / Mazzino Montinari, München / Berlin / New York [2]1988, S. 14 f. (Hervorhebung im Orig.).

6 Ludwig Feuerbach, *Vorlesungen über das Wesen der Religion. Nebst Zusätzen und Anmerkungen*, Gesammelte Werke Bd. 6, hrsg. von Werner Schuffenhauer, Berlin [3]1984, S. 212 (Hervorhebung im Original).

7 Friedrich Nietzsche, *Die fröhliche Wissenschaft*, in: *Kritische Studienausgabe*, Bd. 3, hrsg. von Giorgio Colli / Mazzino Montinari, München / Berlin / New York [2]1988, S. 480 f.

8 Hans Blumenberg, *Matthäuspassion*, Frankfurt a. M. 1988, S. 98.

9 Jean-Paul Sartre, *Das Sein und das Nichts. Versuch einer phänomenologischen Ontologie*, übers. von Hans Schöneberg / Traugott König, Reinbek b. Hamburg [20]2017, S. 972.

7 Theologie der Imperfektibilität

1 Vgl. *Black Mirror*, Staffel 1, Episode 3 (»The Entire History of You«), Idee: Charlie Brooker, Erstausstrahlung am 18. 12. 2011.

2 Charlie Brooker, »The Dark Side of Our Gadget Addiction«, in: *The Guardian* (1. 12. 2011), online unter: https://www.theguarwdian.com/technology/2011/dec/01/charlie-brooker-dark-side-gadget-addiction-black-mirror (letzter Zugriff am 15. 6. 2024, eigene Übersetzung).

3 Sure 28,88.

4 Muhammad Iqbal, *The Reconstruction of Religious Thought in Islam*, London 1934, S. 68 (eigene Übersetzung).

5 Rūmī, *Von Allem und vom Einen*, übers. von Annemarie Schimmel, München 2020, S. 159 f. (Hervorhebung des Verf.).

6 Sure 32,9.

7 Sure 5,54.

8 Sure 114,3.

9 Sure 35,15.

Literaturhinweise

Bayreuther, Rainer: Der digitale Gott. Glauben unter technologischen Bedingungen. München 2023.

Delio, Ilia: Künstliche Intelligenz braucht Religion. Für eine Wiederverzauberung der Welt. Übers. von Helga Jacobsen / Robert Cathomas. Xanten 2024.

Foerst, Anne: Von Robotern, Mensch und Gott. Künstliche Intelligenz und die existentielle Dimension des Lebens. Übers. von Regine Kather. Göttingen 2008.

Franke, Gabriel: Künstliche Intelligenz, Transhumanismus und menschliche Personalität. Darmstadt 2022.

Gabriel, Markus: Der Sinn des Denkens. Berlin 2018.

Grunwald, Armin (Hrsg.): Wer bist du, Mensch? Transformationen menschlicher Selbstverständnisse im wissenschaftlich-technischen Fortschritt. Freiburg i. Br. 2021.

Hoff, Johannes: Verteidigung des Heiligen. Anthropologie der digitalen Transformation. Freiburg i. Br. 2021.

Huber, Wolfgang: Menschen, Götter und Maschinen. Eine Ethik der Digitalisierung. München 2022.

Kirchschläger, Peter G.: Ethisches Entscheiden. Baden-Baden 2023.

Knobloch, Stefan: Dreifaltigkeit. Digitalisierung, Künstliche Intelligenz, Klimawandel – und der Glaube an den dreieinen Gott. Ostfildern 2020.

Krabbe, Alfred / Niemann, Hermann Michael / Woedtke, Thomas von (Hrsg.): Künstliche Intelligenz. Macht der Maschinen und Algorithmen zwischen Utopie und Realität. Leipzig 2022.

Krüger, Oliver: Virtualität und Unsterblichkeit. Gott, Evolution und Singularität im Post- und Transhumanismus. Freiburg i. Br. / Berlin / Wien [2]2019.

Lenzen, Manuela: Der elektronische Spiegel. Menschliches Denken und künstliche Intelligenz. München 2023.

Nida-Rümelin, Julian / Weidenfeld, Nathalie: Digitaler Humanismus. Eine Ethik für das Zeitalter der Künstlichen Intelligenz. München 2018.

Ohly, Lukas: Ethik der Robotik und der Künstlichen Intelligenz. Berlin 2019.

Puzio, Anna: Über-Menschen. Philosophische Auseinandersetzung mit der Anthropologie des Transhumanismus. Bielefeld 2022.

Puzio, Anna / Kunkel, Nicole / Klinge, Hendrik (Hrsg.): Alexa, wie hast du's mit der Religion? Theologische Zugänge zu Technik und Künstlicher Intelligenz. Darmstadt 2023.

Winter-Tietel, Roman / Ohly, Lukas (Hrsg.): Theologie angesichts des Digitalen. Beiträge zu den theologischen Herausforderungen durch Digitalität und Digitalisierung. Berlin 2023.

Zum Autor

Ahmad Milad Karimi, geb. 1979, ist seit 2016 Professor für Kalām, Islamische Philosophie und Mystik sowie Direktor der Forschungsstelle Theologie der Künstlichen Intelligenz (FSTKI) an der Universität Münster. Der Autor einer deutschsprachigen Koranübersetzung ist zugleich Schriftsteller und Publizist, u. a. moderiert er seit 2021 die Sendung »Sternstunde Religion« im Schweizer Radio und Fernsehen (SRF). 2019 erhielt er den Voltaire-Preis für »Toleranz, Völkerverständigung und Respekt vor Differenz« der Universität Potsdam und den Deutschen Dialogpreis des Bundes der Deutschen Dialoginstitutionen.

Veröffentlichungen (Auswahl)

Frieden stiften, Frieden sein. (Gemeinsam mit Anselm Grün) Münsterschwarzach 2023.

Maradona und das göttliche Spiel. Warum das Wesentliche unverfügbar bleibt oder von der Poesie des Lebens. Ostfildern 2023.

Licht über Licht. Dekonstruktion des religiösen Denkens im Islam. Freiburg/München 2021.

Im Herzen der Spiritualität. Wie sich Muslime und Christen begegnen können. (Gemeinsam mit Anselm Grün) Hrsg. v. R. Walter. Freiburg i. Br. 2019.

Warum es Gott nicht gibt und er doch ist. Freiburg i. Br. 2018.

Die Blumen des Koran oder: Gottes Poesie. Ein Lesebuch. Freiburg i. Br. 2015.

Hingabe. Grundfragen der systematisch-islamischen Theologie. 2., korr. u. überarb. Auflage. Freiburg i. Br. 2015.

Osama bin Laden schläft bei den Fischen. Warum ich gerne Muslim bin und wieso Marlon Brando viel damit zu tun hat. Freiburg i. Br. 2013.

Identität – Differenz – Widerspruch. Hegel und Heidegger. Freiburg i. Br. / Berlin / Wien 2012.